▶   ▶▶

영화관에 간 철학

중년의 철학자가 영화를 읽으며
깨달은 삶의 이치

영화관에 간
철학

김성환 지음

눈을 선물해보셨나요?

〈가위손〉을 보며 가장 감탄한 건 누군가에게 눈을 선물한다는 아이디어입니다. 복제인간 '가위손' 에드워드는 성에서 얼음을 깎아 사랑하는 킴에게 눈을 날려 보냅니다.

자연을 선물하다니 감독(팀 버튼)이 누군지 대단하다는 생각이 들었습니다. 저도 사랑하는 사람에게 바다, 해, 달, 별을 선물할 수 있으면 얼마나 좋을까 하는 생각도 들었습니다. 영화가 위대하다고 생각했습니다.

30년. 영화로 철학 강의를 한 시간이 결혼한 햇수만큼 지났습니다. 철학 강의 시간에 조는 학생들을 보며 시도한 일이 『나는 본다, 철학을』(1998)으로 나왔습니다. 『영화관에 간 철학』은 25년 만에 나오는 후속작입니다. 반평생 영화를 우려먹고 살았습니다. 영화인들에게 머리 숙여 감사드립니다.

저는 전공이 자연철학입니다. 남다른 걸 좋아해서 사회철학을 피했습니다. 강의는 자연철학으로 할 수 없어서 문화철학을 공부했습니다. 저의 문화철학은 얕고 넓습니다. 미래, 사랑, 재미, 남, 정의 등에 관한 철학을 두루 섭렵했습니다. 철학을 보여주려고 영화를 찾다가 영화에서 철학을 보자는 생각이 들었습니다. '철학을 눈에 보여주기', 이 책의 목표입니다.

"너 자신을 알라."라는 소크라테스의 철학을 보여주려고 영화를 찾았습니다. 〈매트릭스〉가 딱이었습니다. 오라클의 부엌에 소크라테스의 말이 현판으로 붙어 있으니까요. 그러다 〈매트릭스〉가 신화를 보여준다는 걸 알게 되었습니다. 매트릭스 안에서 체험은 환각 체험이고 신화는 환각 체험을 보존하고 있는 인류의 첫 문화입니다. 모든 영화에서 철학을 찾을 수 있겠다는 생각이 들었습니다.

이런 생각으로 '네이버 프리미엄콘텐츠'에 〈김성환의 영화 한 컷, 철학 한 마디〉를 연재하고 있습니다. 그러던 차에 원앤원북스로부터 책으로 출간하자는 연락을 받았습니다. 네이버와 원앤원북스 김형욱 편집자님께 감사드립니다.

〈시네마 천국〉은 영화를 사랑하는 영사기사와 꼬마의 이야기입니다. 검열로 잘린 필름 조각들을 이어붙인 장면을 틀어보며 눈물 흘리는 주인공의 모습이 인상 깊습니다.

우리 인생은 평생 본 영화 장면들을 이어붙인 한 편의 동영상일 수도 있습니다. 사랑하는 사람에게 같이 본 영화 장면들을 이어붙인 동영상을 선물해보십시오.

〈가위손〉에는 세 가지 변신이 나옵니다. 식물에서 동물로 변신, 복제인간에서 인간으로 변신, 얼음에서 눈으로 변신입니다. 에드워드는 정원에 있는 식물들을 다듬어 사슴, 공룡, 사람 등의 동물로 바꿉니다. 에드워드는 뇌와 심장을 만들 줄 아는 과학자가 창조한 복제인간이지만 킴과 사랑을 나누는 인간의 마음을 배웁니다. 에드워드는 킴과 헤어지고 나서도 킴이 좋아한 눈을 날려 보냅니다.

　제게 가장 아름다운 건 얼음에서 눈으로의 변신입니다. 눈을 선물받고 감동하지 않을 사람이 있을까요?
　눈을 선물해보셨나요?

2023년 2월
김성환

차례

들어가며 _ 눈을 선물해보셨나요? · 4

1부

영화도 철학도
미래가 불투명할 때 시작된다

현실과 가상의 경계가 무너진다 · 15
〈매트릭스〉

기계가 인류와 세계를 지배하는 미래 · 30
〈매트릭스 2: 리로디드〉 〈매트릭스 3: 레볼루션〉

미래에도 자유 의지로 선택할 수 있을까 · 47
〈매트릭스: 리저렉션〉

2부

영화도 철학도
사랑을 찾아 나서는 일이다

온갖 것이 끼어드는 결합투성이 사랑 · 65
〈어바웃 타임〉 〈건축학개론〉

감성을 해방하는 섹시한 놀이터 · 85
〈친구와 연인사이〉 〈인민을 위해 복무하라〉 〈감각의 제국〉

사랑과 섹스는 결핍일까 생산일까 · 109
〈첫 키스만 50번째〉

3부

영화도 철학도
재밌을 때 가장 가치 있다

시간과 공간조차 잊게 하는 절대 재미 · 125
〈어벤져스: 인피니티 워〉 〈어벤져스: 엔드게임〉

전 세계를 매료시킨 가장 한국적인 것 · 145
〈기생충〉 〈Permission To Dance〉

음악으로 즐기는 작은 디오니소스 파티 · 162
〈비긴 어게인〉

4부

영화도 철학도
관계의 연속이다

남으로 여기다가 나로 받아들이는 이야기 · 177
〈변호인〉〈그랜 토리노〉

가족은 내가 아니라 남이라니까 · 201
〈007 노 타임 투 다이〉〈대부 2〉

동물도 공감할 수 있으면 좋겠는데 · 218
〈그랑블루〉

5부

영화도 철학도
정의가 핵심이다

"고담은 희망이 있어, 선한 사람도 많아" · 233
〈배트맨 비긴즈〉

"오늘 밤 너희는 사회 실험에 참여하게 되었다" · 245
〈다크 나이트〉

"우리가 물러서면 이 도시는 끝장이다" · 264
〈다크 나이트 라이즈〉

참고문헌 · 280

1부

영화도 철학도 미래가 불투명할 때 시작된다

현실과 가상의 경계가 무너진다

〈매트릭스〉

'매트릭스 3부작'에서 키아누 리브스의 스턴트 대역은 채드 스타헬스키가 맡았다. 〈매트릭스〉를 촬영했을 때 요원 스미스를 들쳐업고 지하철역 천장에 꽂는 신을 찍느라 갈비뼈가 부러지고 어깨뼈가 빠졌다고 한다.

이후 채드 스타헬스키는 키아누 리브스 주연의 〈존 윅〉 시리즈 감독으로 커리어를 이어가고 있다. 그리고 '매트릭스 3부작'의 후속편 〈매트릭스: 리저렉션〉에서는 트리니티의 봇 남편, '채드'로 나온다. 채드 스타헬스키는 미국판 정두홍이다.

〈매트릭스〉는 개봉관에 가서 두 번 본 유일한 영화다. 철학 전공인 내 눈에 보이는 게 많았다.

━━━━━━━━━━━━ 매트릭스 The Matrix, 1999 ━━━━━━━━━━━━

감독: 워쇼스키 형제 **출연:** 키아누 리브스, 로렌스 피시번, 캐리 앤 모스, 휴고 위빙 외

영화에 저명한 철학책도 한 권 나온다. 프랑스 철학자 장 보드리야르(J. Baudrillard)가 쓴 『시뮬라시옹』(원제는 『시뮬라크르와 시뮬라시옹』이나 국내에 『시뮬라시옹』이라는 제목으로 출간되었다)이다. 네오가 불법 소프트웨어를 숨기려고 내부를 칼로 파낸 책이다.

『시뮬라시옹』은 워쇼스키 형제가 〈매트릭스〉의 주연급 배우들에게 오디션을 볼 때 읽고 오라고 한 책이기도 하다. 현실 세계와 가상 세계의 경계가 무너진다는 내용을 담고 있다.

기독교인이라면
눈물을 흘린다

∞

인류의 미래는 어떨까? 21세기 초만 해도 스마트폰이 한 사람당 하나씩 있고 코로나19로 우리나라 여성의 명절 증후군이 줄어들 거라고 짐작한 사람은 드물었을 것이다.

앞으로 10년, 20년, 30년 뒤에 어떤 기술과 문화와 질병이 나타날까? 보통 사람은 짐작조차 하기 어렵다. 공상 과학 영화, 즉 SF 영화는 이 물음에 도전한다.

새천년 직전인 1999년에 나온 〈매트릭스〉는 200년을 건너뛰어 2199년 세상의 모습을 상상한다. 기계와 싸우느라 버거운 현실과 화려하기 짝이 없는 사이버 세상, '매트릭스'가 그 모습이다. 2199년이면 아직 한참 멀었다. 그전에 매트릭스가 실현될지도 모른다.

매트릭스는 21세기 초 드디어 완성된 '스스로 생각하는 인공지능 (AI)'이 인간을 지배하려고 만든 사이버 공간이다. 인공지능은 천연자원이 고갈되자 사람의 생체 에너지를 착취하고자 매트릭스를 만든다. 사람의 몸은 현실 공간의 인공 자궁에서 사육되고 있다. 그러나 사람의 마음은 몸을 정상으로 유지하고자 매트릭스에 접속해 진실을 모른 채 살고 있다.

낮에는 평범한 회사원 토머스 앤더슨이지만 밤에는 유능한 해커 네오, 인터넷을 떠돌다가 매트릭스를 포착한다. 네오는 나이트클럽에서 만난 트리니티의 말대로 매트릭스를 지키는 요원들이 찾아오자 도망치다가 붙잡힌다.

요원들은 해커의 전설, 모피어스의 정보를 제공하라고 협박하지만 네오는 거부한다. 그러자 도청 기계 벌레를 네오의 배꼽 속에 집어넣는다. 깜짝 놀라 깨어난 네오는 꿈이었다고 생각한다. 그러나 다시 만난 트리니티가 네오의 배 안에서 벌레를 빼내고 네오는 마침내 모피어스와 만난다.

"파란 약을 먹으면 여기서 끝난다.
침대에서 깨어나 믿고 싶은 걸 믿게 돼.
빨간 약을 먹으면 이상한 나라에 남아 끝까지 가게 된다."

모피어스의 말을 듣고 망설이다가 빨간 약을 선택한 네오는, 인간이 인공지능의 에너지원을 없애려고 핵폭탄을 터뜨려 폐허가 된 현실 공간을 대면한다. 모피어스와 동료들은 인공 자궁에서 탈출해 전함 느부갓네살호를 타고 현실 공간을 떠돌며 매트릭스에 접속해 싸우는 저항군 소속이다.

저항군은 새 메시아가 온다는 예언자의 말을 믿고 '그분'을 찾다가 네오를 발견한다. 네오는 자신이 정말 새 메시아인지 확인해보려고 매트릭스에 접속해 예언자 오라클을 만난다. 그러나 오라클은 알쏭달쏭한 말만 한다.

"'그분'이라는 존재는 사랑에 빠지는 것과 같아.

아무도 알 수 없고 자기만 알아.

넌 선택을 해야 해,

모피어스의 목숨과 네 목숨 중에서.

둘 중 하나는 죽어.

그건 네 손에 달렸어."

한편 저항군 사이퍼는 기계들의 끊임없는 위협과 공격을 견디지 못하고 배신한다. 이 배신으로 여러 저항군이 목숨을 잃고 모피어스가 붙잡히고 만다.

네오가 모피어스를 구하러 나서고 트리니티도 함께 가 모피어스를 구출한다. 그러나 오라클의 예언이 틀리지 않아 네오는 요원 스미스의 총에 맞고 죽는다. 트리니티가 심장 박동이 멈춘 네오에게 고백한다.

"오라클은

내가 사랑에 빠진 남자가

바로 '그분'이라고 말했어.

그러니까 당신은 죽을 수 없어.

난 당신을 사랑하니까."

〈매트릭스〉에서 네오가 총알을 멈춰 세우는 모습

네오는 트리니티의 키스로 되살아나고, 요원들이 일제히 총을 쏴대지만 네오는 날아오는 총알들을 향해 손을 들며 말한다.

"노!"

총알들이 급정지해 바닥으로 우수수 떨어진다. 네오는 스미스의 정체를 디지털 신호로 훤히 꿰뚫어 보고 간단히 분쇄한다. 〈매트릭스〉는 등장인물 이름에서 기독교의 색깔이 짙게 나타난다. '네오(Neo)'는 영어 'new'의 그리스어로, 새 메시아를 상징한다. '그분'이라고 풀이한 영어 'the One'도 'O'가 대문자라면 유일신을 뜻한다. '트리니티(Trinity)'는 삼위일체라는 뜻이지만, 예수를 사랑하고 예수의 부활을 처음 목격한 마리아 막달레나를 상징한다. '모피어스(Morpheus)'는 광야에서 예수에게 물로 세례한 요한을 상징한다.

네오가 총알을 세우는 건 웃기다거나 말도 안 된다고만 볼 장면이 아니다. 네오가 예수처럼 죽었다가 기독교 교리인 사랑을 의미하는 트리니티의 키스로 부활해 말씀으로 세상을 다스리는 경지에 오르는 순간이다. 손까지 들 필요도 없다. "노!"라고 말만 하면 총알이 멈춰서야 한다. 독실한 기독교인이라면 눈물을 흘려야 할 장면이다.

사이버 공간의
환각 체험

∞

〈매트릭스〉에는 그리스 '신화' 코드도 나온다. 예언자 오라클(Oracle), '신탁'이라는 뜻이다. 고대 그리스 도시국가의 시민은 신전 순례가 일생의 꿈이다. 이때 주로 자신의 운명에 관해 묻고 여사제의 대답을 듣는다. 여사제가 모종의 연기에 취해 환각 상태에서 신의 대답을 전해주는 걸 신탁이라고 한다.

그러니까 영화에서 오라클이 여성으로 설정된 건 우연이 아니다. 오라클이 피우는 건 그냥 담배가 아닐지도 모른다.

네오가 오라클을 만나고자 찾은 부엌문 위에 "너 자신을 알라"의 라틴어 현판이 걸려 있다. 고대 그리스 철학자 소크라테스(Socrates)가 한 말이지만 그가 만들진 않았다. 고대 그리스 도시국가 델포이의 아폴론 신전 돌마당에 새겨져 있었다고 한다.

고대 그리스 시민은 아폴론 신전에서 신탁을 받았고 네오는 오라클의 부엌에서 신탁을 받는다. 〈매트릭스〉에서 명장면 하나만 꼽는다면 단연 네오가 오라클의 부엌에서 신탁을 받는 장면이다.

신화는 인류가 만든 최초의 문화이고 원시 시대의 문화이다. 왜 워쇼스키 형제는 최첨단 문화인 사이버 문화를 소재로 한 영화에 가장 오래된 문화인 신화를 끌어들였을까? 어느 인터뷰에서 래리 워쇼스키가 말했다.

> "우리는 모든 유형의 신화에 관심이 많고 일종의 현대적 허구를 창조하려 했다. 신화를 이 시대에 맞게 재창조해보고 싶었다."

사이버 문화가 인류의 미래에 어떤 영향을 미칠지 생각해보려면 신화로 되돌아갈 필요가 있다. 사이버 문화의 특징은 환각 체험이다. 환각 체험은 외부 자극 없이 이미지를 떠올리는 것이다. 꿈이 환각 체험의 대표 격이다. 그리고 문화의 역사는 신화가 가장 오래된 환각 체험을 보존한다고 증언한다. 〈매트릭스〉는 사이버 문화를 다루면서 신화를 소환한다. 현명하다.

원시 부족은 어김없이 자기 부족의 신화를 가지고 있다. 원시인은 대부분 신화를 환각 체험으로 만난다.

예를 들어 어떤 부족의 한 청년이 성년식 때 파란 돌가루를 코로 들이마시고 환각 상태에 빠진다. 청년은 독수리가 되어 숲 위를 날

아다니다가 어느 계곡의 물속에 에메랄드색 돌이 깔려 있는 걸 보고 깨어난다. 경험한 환각 체험을 보고하면 부족 어른이 말한다. "네 평생 임무는 우리에게 소중한 그 돌을 구해오는 것이다." 에메랄드색 돌은 이 부족이 환각제로 사용한다. 청년은 물통과 화살집을 메고 돌을 찾아 나선다.

신화를 통한 환각 체험은 어떤 종류든 신적 존재와 만나는 과정을 포함한다. 이 접신 체험은 부족 구성원으로서의 정체와 평생 해야 할 일을 확인해준다. 원시인은 부족 어른에게 신화와 제의를 배우고 환각 체험에 대한 해석을 듣는다.

과학 기술 문명에 익숙한 우리는 각성 체험과 이성의 해석에 의존해 자기 정체를 확인한다고 생각한다. 그러나 자기 정체를 확인하는 방법의 원형은 환각 체험과 부족 어른의 해석이다.

사이버 문화에서 환각 체험은 인터넷 게임으로 할 수 있다. 인터넷 게임을 즐기다가 그만두면 머리가 멍해진다. 환각 상태에서 각성 상태로 전환하며 일어나는 현상이다. 잠에서 깰 때 잠시 몽롱한 것과 비슷하다.

〈매트릭스〉가 보여주는 사이버 문화의 특징은 환각 체험이다. 매트릭스 안에서 사람들이 체험하는 건 모두 환각이다. 실제로 사람들은 인공 자궁이나 전함에서 눈을 감고 있다.

〈매트릭스〉는 신화까지 끌어들여 사이버 문화의 특징이 환각 체험이라는 걸 잘 보여준다. 환각 체험의 장단점은 무엇일까?

〈매트릭스〉에는 기독교의 배신자 유다를 상징하는 사이퍼도 나온다. 악역이니까 관객에게 욕을 많이 먹는다. 그러나 우리가 정말 사이퍼를 욕할 수 있을까?

영화에선 매트릭스라는 사이버 공간과 시궁창 같은 현실 공간이 구별되어 있다. 사이버 공간은 화려하지만 현실 공간은 형편없다. 저항군은 전함에서 해진 옷을 입고 추위에 떨며 콧물 같은 죽을 먹고 지낸다. 게다가 언제 어디서 문어처럼 생긴 센티널이나 요원의 공격을 받고 죽을지 모른다.

이런 상황에서 탈출해 마음이나마 편하게 매트릭스 속에서 살려는 게 사이퍼가 배신하는 이유다. 사이퍼는 스미스와 거래할 때 모피어스를 넘기는 대가로 그동안 저항군으로 산 기억을 다 지우고 인공 자궁 속으로 되돌아가길 원한다.

사이퍼의 모습은 환각 체험의 단점을 보여준다. 사람을 분열하는 것이다. 몸과 마음을 분열하고 마음도 여러 조각으로 분열한다. 몸이 인공 자궁 속에 있고 마음만 매트릭스에 접속되어 있는 건 몸과 마음의 분열이다. 사이퍼가 매트릭스와 느부갓네살호를 놓고 갈등하는 것이나 빨간 약을 선택하게 만든 모피어스를 증오하는 건 마음의 분열이다.

사람은 누구나 몸과 마음이 통일되어 있길 바란다. 우리가 지금 사는 곳도 일종의 매트릭스이고 우리 몸은 어딘가 인공 자궁 속에서 사육되고 있다고 상상해보자. 아마 몸을 되찾고 싶은 사람이 많을 것이다. 마음이 여러 조각으로 분열되어 있는 데 쾌감을 느끼는 사람은 거의 없을 것이다. 대부분 머리가 아프고 마음의 혼란에서 벗어나길 원한다.

답은
자의식에 있다

∞

환각 체험의 장점은 〈매트릭스〉의 화려한 액션이 유감없이 보여준다. 90도로 누운 채 벽 타기, 빌딩 건너뛰기, 열 시간 만에 온갖 격투기 완전 정복하기, 총알 피하기, 총알 세우기 등 현란하다.

그러나 사이버 공간은 기술의 뒷받침이 있으면 상상할 수 있는 모든 걸 할 수 있는 곳이다. 사이버 공간에서 환각 체험은 현실 세계에서 몸과 마음이 지닌 한계를 넘어서게 해준다.

1960년대 미국에선 돈과 전쟁에 찌든 기성 문화에 반대해 새 문화를 창조하려는 반문화 운동이 일어났다. 반문화 운동의 정신적 지주는 하버드대학교 심리학 교수 티머시 리어리(T. Leary)다. 그는 새 문화 창조를 위해 '마음을 확장하는 약'이라 불린 LSD로 대학원생들과 환각 체험을 실험한 덕분에 대학교에서 잘리고 만다. 리어리는 LSD를 투여하고 야구를 한 경험을 말한다.

〈매트릭스〉에서 네오가 총알을 피하는 모습

"LSD가 우리의 시간 관념을 비튼 것이다. 모든 것이 천천히 움직였다. 공
이 투수의 손을 떠날 때, 공은 타자를 향해 둥둥 떠오는 것처럼 보였다.
공의 바늘땀을 세고 상표 윌슨을 확인하고 반사적으로 공을 칠 때 근육
수축을 느낄 정도로 긴 시간이었다."

─『플래시백』216쪽

　　환각제의 효과는 시간의 지체다. 환각제를 투여하면 투수의 손을
떠난 공의 바늘땀, 상표가 보인다. 배트를 휘두를 때 근육 수축도 느
낄 수 있다. 마치 슬로 모션으로 보고 느끼는 것 같다.
　　매트릭스에서도 시간이 느리게 가니까 짧은 시간 안에 온갖 격투
기를 배울 수 있다. 또 총알이 느리게 날아오는 게 보이니까 몸을 뉘
어 피할 수 있다.
　　환각 체험의 또 한 가지 장점은 '창의 아이디어'의 산실이라는 점
이다. 창의 아이디어를 떠올리는 능력은 예나 지금이나 높이 평가받

는다. 그러나 창의는 공식이 없다. 누군가 아주 좋은 아이디어를 떠올렸을 때 어떻게 떠올렸냐고 물으면 이런 대답이 많이 나온다.

"그냥, 나도 모르게."

거짓말이 아니다. 창의 아이디어는 무의식에서 튀어나온다. 환각 체험은 무의식에서 비롯한다. 무의식은 좁게는 근친상간처럼 사회가 허용하지 않는 욕망을 억압하는 메커니즘이다. 넓게는 생각과 행동의 '자동 처리 메커니즘'이다.

우리는 컴퓨터 자판기를 두드릴 때 손, 눈, 머리를 함께 움직인다. 그러나 어느 손가락이 어느 자판을 두드리고 눈이 어떤 속도로 모니터의 글자를 따라가며 머리가 어떤 각도로 무엇을 향해 있는지 일일이 의식하지 않는다. 손, 눈, 머리의 움직임은 의식의 수면 위로 떠오르지 않고 자동으로 처리된다.

의식할 수 있는 생각과 행동은 모두 의식할 수 없는 자동 처리 과정을 바탕으로 일어난다. 창의 아이디어도 의식할 수 있게 떠오르기 전에 무의식의 자동 처리 과정을 거친다.

따라서 창의 아이디어를 얻는 능력을 기르려면 무의식과 환각 체험을 활성화할 필요가 있다. 사이버 공간에서 환각 체험은 무의식이 작동한 결과이고 창의 아이디어의 원천이 될 수 있다.

내 앞에 파란 약과 빨간 약이 있으면 나는 어떤 약을 선택할까?

파란 약을 먹으면 각성 체험의 세계 속에서 산다. 빨간 약을 먹으면 환각 체험의 세계로 떠난다. 호기심을 자극하는 건 빨간 약이다.

뭘 선택해야 하나? 네오가 빨간 약을 선택하기 전이든 후든 계속 품고 있는 물음이다. 네오가 빨간 약을 선택하는 건 이 물음을 포기할 수 없기 때문이다. 이 물음에 대한 답이 자기 정체, 다른 말로 '자의식'이다.

네오가 모피어스를 살리러 나선 것도 모피어스와 자기 목숨 중 하나는 버려야 한다는 오라클의 신탁에서 '내가 죽으면 모피어스를 살릴 수 있다.'라는 답을 얻기 때문이다.

반면 사이퍼는 현실 세계의 궁핍하고 위험한 삶을 포기하는 것처럼 보이지만 결국 저항군으로 살아야 한다는 자의식을 포기한다. 그는 자의식 없는 환각 체험의 세계, 매트릭스로 돌아가고 싶어 한다.

네오처럼 되려면 환각 체험을 하더라도 체험을 해석하는 자의식을 놓치면 안 된다. 네오는 빨간 약으로 몸만 되찾는 게 아니라 자의식도 얻는다. 빨간 약은 자의식의 약이기도 하다.

원시 부족의 신화에는 중요한 요소가 있다. 마을 어른의 해석이다. 청년이 환각 체험을 한 뒤 보고하면 마을 어른이 해석해준다. 그러면 청년은 자기의 정체, 평생 해야 할 임무를 확인한다. 이 정체 또는 임무도 "내가 뭘 해야 하나?"에 대한 답, 자의식이다.

요즘 이렇게 해석해주는 어른은 찾기 어렵다. 그런 어른이 있더라도 물어보고 해석을 들으려는 사람이 별로 없다. 내 인생은 내 것이라고 생각하기 때문이다. 바른 생각이다. 그러나 해석은 필요하다. 해석이 없는 환각 체험은 마약에 취해 몽롱한 정신 상태와 같다.

어떻게 해야 할까? 스스로 묻고 대답을 얻는 수밖에 없다. 사이버 문화가 제공하는 환각 체험은 스스로 그 체험의 의미를 묻고 대답하는 해석, 자의식의 해석을 거치지 않으면 쓸모가 없다.

환각 체험은 어디로 튈지 모르는 럭비공 같다. 럭비공은 제멋대로 튀지만 럭비 선수들은 공이 튀는 쪽으로 우르르 몰려다니기만 하지 않는다. 완벽하진 않더라도 공을 컨트롤한다.

미래의 나는 어떤 모습일까? 좋은 영화를 몰입해서 보고 나면 누구나 주인공처럼 되고 싶어 한다. 〈매트릭스〉를 보면 네오나 트리니티처럼 되고 싶지, 사이퍼처럼 되고 싶지 않다. 어떻게 하면 네오나 트리니티처럼 될 수 있을까? 답은 자의식에 있다.

기계가 인류와 세계를 지배하는 미래

〈매트릭스 2: 리로디드〉
〈매트릭스 3: 레볼루션〉

나는 〈매트릭스 2: 리로디드〉에서 매트릭스를 창조했다고 자기를 소개하는 아키텍트의 분장을 보며 정신분석학의 창시자 지그문트 프로이트(S. Freud)를 떠올렸다.

프로이트는 인간이 이성의 동물이라는 오랜 전통을 깨고 인간이 '충동의 동물'이라고 말한다.

아키텍트는 수학의 정확성, 완벽성을 지향한다. 그리고 이 정확성, 완벽성은 이성에서 나오니까 아키텍트는 감정 없는 기계 신(Deux ex Machina)이 만든 프로그램답다.

그런데 아키텍트는 왜 충동을 중시하는 프로이트의 모습일까?

───── 매트릭스 2: 리로디드 The Matrix Reloaded, 2003 ─────

감독: 워쇼스키 형제 출연: 키아누 리브스, 로렌스 피시번, 캐리 앤 모스, 휴고 위빙 외

프로이트는 충동을 중시하지만 충동대로 살라고 하지 않는다. 충동을 예술, 학문, 운동으로 승화하면서 살라고 한다. 그러니까 아키텍트의 분장이 프로이트를 닮았다는 내 느낌이 옳다면, 워쇼스키 형제도 프로이트를 잘 알고 있다.

프로이트를 대표하는 사진, 정신분석학자로서 명성이 절정에 달했을 때의 사진을 보면 오른손에 시가를 들고 있다. 〈매트릭스 2〉의 아키텍트를 보면 모니터들을 조종하는 펜슬을 들고 있다. 프로이트와 아키텍트, 확실히 닮았다.

완벽 대신
통제 가능한 불완전

∞

〈매트릭스 2〉의 명장면을 꼽는다면 단연 네오가 아키텍트와 만나 대화를 나누는 장면이다. 이 대화, 아키텍트의 설교는 '매트릭스 3부작' 전체를 이해하는 실마리를 제공한다.

네오와 아키텍트가 만난 장소는 현실이 아니라 매트릭스니까 아키텍트도 실물이 아니다. 아키텍트의 실물은 〈매트릭스 3: 레볼루션〉에서 기계 신으로 밝혀진다. 아키텍트는 기계 신이 만들고 '설계자'라는 이름대로 매트릭스를 만든 프로그램이다. 네오가 왜 자기가 여기 있느냐고 묻자 아키텍트가 대답한다.

"자넨 내가 수학적 정확성의 조화에서

없애지 못한 우발적 변종이지.

해결하진 못했지만

예상이나 통제의 범위는 안 벗어났기 때문에

자네가 여기까지 오게 된 거지."

아키텍트의 대답은 매트릭스의 역사에 대한 설명과 엮어야 좀 더 이해할 수 있다.

"매트릭스는 오랫동안 존재했다.

이게 여섯 번째 버전이지.

최초의 매트릭스는 완전했지.

그런데 어이없이 실패하고 말았네.

이유는 인간에게 내재된 불완전성이었지.

다음엔 인간의 괴팍한 면들을 더 정확히 반영했어.

그러나 역시 실패하고 말았어.

나는 나보다 낮은 지능이 필요하다는 결론에 도달했네.

적어도 완벽에 포함되지 않는 지능.

그래서 직관력 있는 프로그램을 선택한 거야.

원래는 인간 정신의 단면들을 연구하려고 만들었지.

내가 매트릭스의 아버지라면

그건 매트릭스의 어머니야."

매트릭스의 어머니는 오라클이다. 오라클은 직관력 있는 프로그램이다. 직관은 추론과 반대다. 추론은 아키텍트가 하고 직관은 오라클이 한다. 추론은 근거들을 따져 결론에 이르지만 직관은 근거들을 따지지 않고 바로 결론을 내린다. 추론은 이성으로 하고 직관은 감각으로 한다. 그럼 아키텍트가 매트릭스를 만들 때 오라클이 준 도움은 무엇일까?

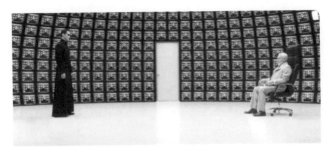

〈매트릭스 2〉에서 네오가 아키텍트와 만나는 모습

   미국 수학자 쿠르트 괴델(K. Gïdel)은 '불완전성 정리'를 증명했다. 불완전성 정리의 내용은 어떤 수학 체계든 본질적으로 불완전하다는 것이다. 괴델은 모든 수학 체계에 대해 그 체계로 증명할 수 없는 명제가 있다고 증명했다. 완전한 수학 체계라면 그 체계로 증명할 수 없는 명제가 있어선 안 된다.

   괴델의 불완전성 정리를 잘 보여주는 예는 수학 역사에서 2천 년 이상 지배한 유클리드 기하학에 맞서 19세기에 비유클리드 기하학이 성립한 것이다.

   삼각형 내각의 합은 유클리드 기하학에선 180도지만 비유클리드 기하학에선 180도보다 클 수도 있고 작을 수도 있다. 유클리드 기하학이 완전한 수학 체계라면 삼각형 내각의 합이 180도보다 크거나 작다는 명제를 증명할 수 있어야 한다. 그러나 유클리드 기하학은 이 명제를 증명할 수 없다. 유클리드 기하학은 삼각형 내각의 합이 180도라는 명제만 증명할 수 있다. 그러니까 유클리드 기하학은 완전한 수학 체계가 아니다.

괴델의 불완전성 정리는 수학 체계를 대상으로 삼지만 인간 사회를 포함한 모든 시스템으로 확장할 수 있다. 인간 사회 시스템, 예를 들어 내 가족도 아무 결함 없이 완벽할 수 없을 뿐 아니라 오히려 결함이 있어야 티격태격, "이 웬수야." 하며 굴러간다. 결점 하나 없이 질서 정연하며 완벽한 시스템보다 통제 가능한 결점이나 무질서를 가진 시스템이 더 안전하고 지속 가능성이 더 크다.

아키텍트가 만든 첫 번째 매트릭스와 두 번째 매트릭스는 완벽한 체계를 지향했다. 둘 다 실패했다. 아키텍트는 문제가 인간의 불완전성, 괴팍한 면들 때문이라고 말하지만 꼼수다. 반만 맞다. 나머지 반의 문제는 완벽한 수학 체계를 지향한 아키텍트 자신이다.

아키텍트는 자기보다 낮은 지능이 필요하다는 결론에 이르렀다고 여전히 잘난 체한다. 하지만 오라클은 덜 완벽한 체계를 지향한다. 그러니까 결국 아키텍트도 자기 책임을 인정하고 있다.

아키텍트가 세 번째 매트릭스부터 도입한 아이디어는 괴델의 불완전성 정리다. 매트릭스도 아키텍트가 "수학적 정확성의 조화"라고 말하듯이 수학 시스템이다. 아키텍트는 세 번째 매트릭스부터 완벽한 시스템을 지향하지 않고 통제 가능한 불완전 요인을 도입한다. 매트릭스 시스템의 안전을 위해, 기계 신이 인간과 세계를 계속 지배하기 위해.

매트릭스에서 불완전 요인은 저항군이다. 아키텍트는 저항군이

비록 소수지만 시스템 자체를 위협할 수 있으니까 저항군의 터전, 시온을 주기적으로 파괴한다고 말한다. 시온은 땅속 깊은 곳에 있고 매트릭스에서 탈출한 인간과 후손이 모여 산다.

〈매트릭스 2〉에서 네오는 매트릭스의 심장인 '소스'에 접근해 매트릭스를 파괴하려 한다. 네오는 소스에 들어가는 문 앞에서 아키텍트와 만난다. 아키텍트는 네오를 구하러 온 트리니티가 요원에게 흠씬 두들겨 맞는 모습을 모니터로 보여준다. 그리고 네오가 소스에 가더라도 매트릭스를 파괴할 수 없다는 진실을 알려준다.

"네가 온 이유는 시온이 곧 붕괴할 것이기 때문이다.
우리는 시온을 다섯 번이나 파괴했고
그 일은 점점 더 쉬워지고 있다.
너는 소스로 돌아가 네가 가진 코드를 전달하고
시온을 재건설할 여자 열여섯 명, 남자 일곱 명을
매트릭스에서 뽑으면 된다.
이 과정을 따르지 않으면
시온의 멸망과 함께 인류 전체가 종말을 맞게 되지.
문이 두 개 있다.
오른쪽은 소스로 가서 시온을 구할 문이고
왼쪽은 인류를 멸망시키면서 여자에게 갈 문이지.
네 말대로 선택의 문제다."

성 충동과 죽음 충동이
작동하고 갈등하고 출동할 때

∞

아키텍트에 따르면 네오는 변종이지만 통제할 수 있다. 매트릭스의 어머니 오라클이 만든 변종이기 때문이다. 오라클도 아키텍트처럼 기계 신이 만든 프로그램이다.

〈매트릭스 3〉에서 오라클은 마지막으로 만난 네오에게 자신의 임무가 아키텍트와 반대라고 말한다.

"그게 그(아키텍트)의 임무야.
방정식의 균형을 맞추는 것."

"당신 임무는?"

"그걸 헝크는 것."

오라클은 아키텍트가 설계한 매트릭스의 안전을 보장하고자 매트릭스에 도입할 불안정성 또는 무질서를 개발한다. 바로 네오와 저항군이다. 오라클이 만든 네오와 저항군의 정체는 〈매트릭스〉에서 스미스가 모피어스에게 하는 말에 답이 있다.

──── 매트릭스 3: 레볼루션 The Matrix Revolutions, 2003 ────

감독: 워쇼스키 형제 **출연:** 키아누 리브스, 로렌스 피시번, 캐리 앤 모스, 휴고 위빙 외

"네 종족을 분류하다가 영감을 얻었어.

인간들은 한 지역에서 번식을 하고

모든 자원을 소모해버리지.

이 지구에는

똑같은 방식을 따르는 생명체가

또 하나 있어.

그게 뭔지 아나?

바이러스야."

스미스의 말은 비유지만 네오와 저항군은 오라클이 매트릭스 시스템에 심은 바이러스 프로그램이다. 바이러스 프로그램이 있으면 백신 프로그램도 있다. 스미스와 요원들이 백신 프로그램이다. 백신 프로그램도 오라클이 개발한다. 그래서 스미스는 오라클을 '어머니'라고 부른다.

"자네지, 자네의 대칭점."

스미스가 누구냐고 묻는 네오에게 오라클이 대답한다. 네오와 스미스는 둘 다 오라클이 만든 형제다. 둘은 형제인데 왜 싸울까?

프로이트에 따르면 모든 인간은 성 충동, '에로스(eros)'와 죽음 충동, '타나토스(thanatos)'를 가지고 있다. 그는 한 살 반짜리 손자가 실패 놀이를 하는 걸 보고 죽음 충동을 발견한다. 손자는 실패를 던져 침대 밑으로 사라지면 "오, 오!"라고 외치고 실을 잡아당겨 실패가 다시 나타나면 "아, 아!"라고 외치는 놀이를 되풀이한다.

프로이트는 '오'가 독일어 'Fort'의 줄임말, '아'는 'Da'의 줄임말이라고 분석한다. Fort는 '저기' 또는 '사라진'이란 뜻이고 Da는 저기보다 가까운 '거기' 또는 '나타난'이란 뜻이다. 손자는 맞벌이하는 엄마가 날마다 나갔다가 돌아오는 불쾌한 경험을 놀이로 재현하고 있다.

불쾌한 기억은 피하려는 게 사람 심리다. 그러나 실패 놀이를 하는 어린이는 불쾌한 기억을 되풀이함으로써 고통을 극복한다. 프로이트는 불쾌의 되풀이가 죽음 충동에서 비롯한다고 말한다. 죽음 충동은 불쾌를 되풀이하는 자기 파괴 충동이다.

프로이트가 후기에 죽음 충동을 정신분석학에 끌어들인 건 사람의 모든 생각과 행동을 성 충동으로 설명하려 한다는 비판을 의식했기 때문인 듯하다. 성 충동, 에로스는 타나토스에 비춰봐야 참뜻이 드러난다. 사람은 자기를 파괴하려는 죽음 충동이 일어나면 살고자 저항한다. 에로스의 참뜻은 자기 보존 충동이다.

에로스든 타나토스든 모든 충동은 채우는 게 목표다. 그래야 쾌감을 얻을 수 있기 때문이다. 무엇으로 채우느냐는 건 덜 중요하다. 에로스는 섹스로 채울 수도 있고 음식이나 옷으로 채울 수도 있다. 타나토스는 실패 놀이로 채울 수도 있고 다이어트나 격한 운동으로 채울 수도 있다. 다이어트나 격한 운동은 일종의 자학이다. 그래도 자학한 자기 알몸이 거울에 비치면 쾌감이 인다.

에로스와 타나토스는 모두 자기를 향하다가 손바닥 뒤집듯 쉽게 자기 밖에 있는 남으로 향할 수 있다. 이때 에로스는 남을 보존하려는 충동, 사랑으로 나타나고 타나토스는 남을 파괴하려는 충동, 폭력으로 나타난다.

프로이트에게 인생은 에로스와 타나토스라는 두 변수, 즉 자기나 남을 보존하려는 충동과 자기나 남을 파괴하려는 충동의 함수다. 로맨스 영화에 폭력이 섞이고 액션 영화에 사랑이 섞이는 이유도 프로이트의 인생 함수를 따르기 때문이다.

프로이트의 눈으로 보면 네오와 스미스는 서로 다른 사람이 아니라 한 사람의 두 충동, 에로스와 타나토스다. "자네지, 자네의 대칭점."이라는 오라클의 말을 컴퓨터 프로그램이 아니라 인간 심리로 보면, 네오와 스미스는 언제 어디서나 내 마음속에서 갈등하는 두 충동을 상징한다.

'매트릭스 3부작'은 에로스와 타나토스가 작동하고 갈등하고 충돌하는 게 인생이라는 프로이트의 견해를 멋지게 풀이한 텍스트이기도 하다. 그래서 아키텍트가 프로이트의 분장을 하고 있는지도 모른다.

자연인은 드물다,
우리는 기계인이다

∞

레오나르도 디카프리오, 브래드 피트, 톰 크루즈, 조니 뎁, 윌 스미스, 니콜라스 케이지, 이완 맥그리거, 발 킬머까지 〈매트릭스〉의 네오 역을 고사하거나 물망에 올랐던 배우들이다.

〈매트릭스〉, 〈매트릭스 2〉의 오라클과 〈매트릭스 3〉의 오라클은 배우가 다르다. 앞 두 작품의 배우 글로리아 포스터가 지병으로 사망하는 바람에 뒤 작품에선 메리 앨리스로 바뀌었다. 〈매트릭스 3〉은 이 변화를 오라클 프로그램의 데이터 유실로 설명한다.

혹시 〈매트릭스: 리저렉션〉의 후속편도 만들어지고, 미안한 말이지만 키아누 리브스가 불의의 사고를 당한다면 어느 배우가 네오 역을 맡는 게 좋을까? 나는 시체 색 가위손 '에드워드'를 을 연기한 조니 뎁이 적당하다고 본다.

〈매트릭스 3〉에서 오라클은 스미스에게 자발적으로 복제된다. 매트릭스 시스템의 안전을 보장해야 한다는 자기 프로그램의 목적에 따라 곧 매트릭스와 세계를 파괴하는 힘을 갖출 스미스를 막아야 하기 때문이다. 네오는 스미스와의 마지막 결투에서 스미스 속에 복제되어 있는 오라클을 확인한다.

"시작이 있으면 끝도 있다.
내가 왜 이런 소릴 하지?
이건 함정일지도 몰라."

"시작이 있으면 끝도 있다."라는 말은 네오가 오라클에게 들었다. 네오는 스미스에게 복제당하고자 가슴을 열고, 오라클은 함정일지도 모른다고 의심하는 스미스의 손을 네오의 가슴에 찌른다.

〈매트릭스 2〉에서 스미스는 매트릭스에 환멸을 느껴 이어폰 줄을 자르고 더는 요원으로 일하지 않는다. 게다가 상대의 가슴을 찔러 자기로 복제하는 능력으로 수많은 스미스를 양산하면서 매트릭스와 세계를 파괴하려 한다.

기계 신의 전투 부대가 시온을 공격하고 있을 때 네오는 현실 세계의 인체 사육 공장으로 가 기계 신과 만나 거래한다. 〈매트릭스 3〉의 명장면으로 꼽을 수 있다.

"스미스는 당신 통제를 벗어났소

곧 매트릭스와 여길 장악할 거요.

당신은 못 막지만, 난 할 수 있소"

"네 도움은 필요 없어.

필요 없다고!"

"그럼 내가 잘못 왔군.

날 죽이시오."

"뭘 원하나?"

"평화."

"자네가 실패하면?"

"실패 안 해요."

〈매트릭스 3〉에서 네오와 스미스가 마지막 대결을 벌이는 모습

마지막 대결에서 네오마저 스미스로 복제되자 기계 신은 네오가 매트릭스에 접속할 때 목덜미에 꽂은 케이블로 전류를 흘려보낸다. 기계 신에게 실패하지 않는다고 장담한 네오의 계획이 자살로 완성되는 순간이다.

스미스들이 몽땅 분쇄되자 기계 신의 전투 부대는 시온에서 조용히 물러난다. 인간과 기계의 휴전과 평화가 〈매트릭스 3〉의 결말이다. 많은 관객과 평론가는 '매트릭스 3부작'의 결말이 시시하다고 말한다. 그러나 캐나다 미디어 학자 마셜 맥루한(M. McLuhan)의 눈으로 보면 결코 시시하지 않다.

"미디어(media)는 사람의 확장이다."

_『미디어의 이해』 23쪽

미디어는 책, 신문, TV, 인공위성, 인터넷, 스마트폰 같은 소통의 수단만이 아니다. 옷, 자동차, 집, 컴퓨터 같은 기술의 모든 산물, 기계도 포함한다. 책은 눈의 확장이고 옷은 살의 확장이며 자동차는 다리의 확장이고 컴퓨터와 스마트폰은 뇌의 확장이다.

미디어가 사람의 확장이라면 사람은 모두 사이보그(cyborg)다. 사이보그는 〈로보캅〉의 주인공처럼 몸의 일부가 생체이고 나머지는 쇳덩어리인 기계만이 아니다.

맥루한의 말대로 우리가 보이지 않는 줄로 기계들과 연결되어 있고 기계 없인 단 하루도 살 수 없다면, 몸이 멀쩡한 우리도 모두 사이보그다.

기계 또는 미디어가 지배하는 환경은 우리가 원한다고 해서 벗어날 수 없다. 우리는 이미 기계의 바다에 깊이 들어와 있고 앞으로 더 깊이 들어갈 것이다. 바다에서 그나마 살아남는 길은 파도를 거슬러 헤엄치지 말고 파도 타는 법을 익히는 것이다. 인류의 미래에 대해 맥루한이 보내는 메시지다.

"기계를 즐기고 사랑하라."

왜 우리가 기계를 즐기고 사랑하며 기계와 화해하고 공존해야 할까? 우리는 모두 사이보그이기 때문이다. 옷을 입지 않고 자동차를 타지 않고 컴퓨터, 스마트폰을 쓰지 않고 살 수 없는 사람은 사람-기계, 사이보그다.

기계가 사람의 확장이고 이미 사람 몸의 일부라면, 기계를 학대하고 때려 부수는 건 자학이고 자해다. 자기를 학대하고 해치는 사람은 행복하게 살 수 없다.

〈매트릭스 3〉은 사람이 기계의 바다에서 기계를 즐기고 사랑하며 행복하게 살 수 있다는 맥루한의 낙관론도 담고 있다.

기계 신의 전투 부대가 시온에서 조용히 물러나는 결말은 기계가 우리에게 보내는 화해 신호다. 우리는 이 화해 신호를 받아들일 수밖에 없고 또 이미 받아들여 과학기술 문명을 누리고 있다. 자연인은 드물다. 우리는 기계인이다.

미래에도 자유 의지로 선택할 수 있을까

〈매트릭스: 리저렉션〉

이번에는 감독이 변했다. '매트릭스 3부작'의 래리 워쇼스키는 성전환 수술을 받고 〈매트릭스: 리저렉션〉의 라나 워쇼스키가 되었다. 앤디 워쇼스키도 성전환 수술을 받고 릴리 워쇼스키가 되었으나, 다른 영화 일정 때문에 〈매트릭스: 리저렉션〉에는 참여하지 못했다.

〈매트릭스: 리저렉션〉의 영어 제목은 'The Matrix Resurrections'다. 복수 어미 s가 붙어 있다. Resurrection의 R이 대문자면 예수의 부활을 의미하니까 복수 어미를 붙일 수 없다.

그러나 〈매트릭스: 리저렉션〉에선 네오만이 아니라 트리니티도 부활한다. 〈매트릭스: 리저렉션〉을 보면 트리니티가 '그분'이 되어 나는 능력을 잃은 네오의 손을 잡고 날아오르는 장면이 나온다.

————— 매트릭스: 리저렉션 The Matrix Resurrections, 2021 —————

감독: 라나 워쇼스키 **출연:** 키아누 리브스, 캐리 앤 모스 외

트리니티가 '그분'이 되어 하늘을 나는 신급 능력을 갖춘 것과 라
나 워쇼스키가 성전환 수술을 받은 걸 연결하는 평이 있다. 여성 감
독이 되었으니 여성 주인공에게도 신급 능력을 준다고 말이다.

2019년 불에 탄 파리 노트르담 대성당은 '우리 부인(Notre Dame)'
이라는 이름을 가지고 있다. 성모 마리아다.

노트르담 성당은 파리 외에도 프랑스에 열여덟 개쯤 더 있다. 노
트르담 성당이 많은 이유는 중세 유럽에 널리 퍼진 마리아 신앙 때
문이다. 중세 사람들은 성모 마리아가 신급 능력을 지닌 채 인류를
구원한 예수를 낳았으니 그녀도 신급 능력을 가지고 인류를 구원했

〈매트릭스: 리저렉션〉에서 트리니티가 절규하고 힘을 증강하며
'그분'으로 부활하는 모습

다고 믿었다.

　나는 트리니티가 신급 능력을 가질 자격이 있다고 생각한다.

　〈매트릭스〉에서 트리니티는 죽은 네오를 사랑의 힘으로 되살린
다. 〈매트릭스 2〉에서 트리니티는 죽었다가 네오에 의해 되살아난
다. 〈매트릭스 3〉에서 트리니티는 네오를 기계 신에게 데려다주고
죽는다. 〈매트릭스: 리저렉션〉에서 트리니티는 부활한다.

　신을 되살린 사람, 신에 의해 되살아난 사람, 신과 함께 죽은 사람
이 신과 함께 부활한다. 전혀 이상하지 않다.

인간에겐
자유 의지가 있는가

∞

'매트릭스 시리즈(매트릭스 4부작)'는 1편부터 4편까지 줄기차게 철학의 고전 문제 하나를 던진다. '인간에겐 자유 의지가 있느냐 없느냐' 하는 문제다. 인간에게 자유 의지가 있느냐 없느냐는 인간의 선택이 미리 결정되어 있느냐 아니냐에 달려 있다.

인간의 선택이 미리 결정되어 있어 어떤 방식으로든 미리 알 수 있다면, 인간에게 자유 의지는 없다. 그러나 인간의 선택이 미리 결정되어 있지 않아 어떤 방식으로도 미리 알 수 없다면, 인간에게 자유 의지는 있다.

〈매트릭스〉에선 파란 약이냐 빨간 약이냐, 모피어스의 죽음이냐 네오의 죽음이냐가 선택의 문제다. 〈매트릭스 2〉에선 네오가 시온을 구하는 오른쪽 문으로 가느냐 트리니티를 구하는 왼쪽 문으로 가느냐가 선택의 문제다. 〈매트릭스 3〉에선 네오가 시온을 구하러 목숨을 던지느냐 마느냐가 선택의 문제다. 〈매트릭스: 리저렉션〉에선 트리니티가 매트릭스에 남느냐 떠나느냐가 선택의 문제다.

'매트릭스 시리즈'는 모두 인간에게 자유 의지가 있다는 쪽에 손을 들어준다. 아키텍트는 오라클이 99%의 인간은 선택권을 주면 매트릭스 프로그램을 받아들인다는 걸 발견했다고 말한다. 이 통계를 빌면 〈매트릭스〉에서 네오가 빨간 약을 선택하고 모피어스 대신 자기의 죽음을 선택하는 건 1%의 인간만이 할 수 있는 일이다.

99%의 인간이 매트릭스 프로그램을 받아들인다면 인간에게 자유 의지는 없고 인간의 선택은 미리 결정되어 있다고 볼 수도 있다. 모든 법칙은 예외가 있으니까 1%의 인간은 예외로 취급할 수 있다. 아키텍트가 오라클의 발견을 말한 이유도 인간에게 자유 의지는 없으니까 네오도 앞선 매트릭스 다섯 개 버전의 '그분'처럼 시온을 구하는 오른쪽 문으로 갈 거라는 뜻이다.

그러나 엄밀하게 단 1%라도 매트릭스 프로그램을 받아들이지 않는 인간이 있으면 인간의 선택은 미리 결정되어 있지 않고 인간에게 자유 의지는 있다.

내가 1년 내내 회사에 꼬박꼬박 출근하다가 단 하루만이라도 "에라 모르겠다." 하고 결근하면 내 행동은 미리 결정되어 있는 게 아니고 나에겐 자유 의지가 있는 것이다.

〈매트릭스 2〉에서 아키텍트는 네오가 트리니티를 구하는 왼쪽 문으로 가는 것도 미리 알 수 있는 선택이라고 능친다.

"하지만 우린 이미 결과를 알고 있잖나?
네 몸에선 벌써 화학 반응이 일어나고
논리와 이성을 덮어버릴 감정이 싹트고 있지."

그러나 직전에 아키텍트는 이렇게 말했다.

"반응이 아주 흥미롭군.

먼저 다섯은 모두 비슷한 태도를 보였지.

본연의 임무에 충실해

동족에 대한 끝없는 애착을 나타냈거든.

모두 일반적으로 반응했는데

넌 훨씬 더 구체적이야.

사랑 때문인가."

흥미롭다는 말은 예측하지 못했다는 자백이다. 앞선 다섯 '그분'
이 동족을 구하는 오른쪽 문으로 갔으니 네오도 십중팔구 오른쪽 문
을 선택할 거라고 예측했다는 뜻이다. 그러나 네오가 왼쪽 문을 선
택하자 네오의 몸에서 일어나는 화학 반응을 읽고 그가 감정이 앞서
는 선택을 할 걸 이미 알고 있었다는 듯이 말을 바꾼다.

그렇다면 네오는 자유 의지를 가지고 선택했다고 볼 수 있다. 아
키텍트가 보기에 네오는 소탐대실을 선택한다. 그러나 네오에게 트
리니티는 작지 않다. 인간이 소탐대실의 선택을 하는 걸 두고 영국
철학자 데이비드 흄(D. Hume)은 이렇게 말했다.

"내 손가락의 상처보다 전 세계의 멸망이 더 낫다."

_『인간 본성에 관한 논고』 414쪽

의지의 방아쇠를
당기는 손가락은?

∞∞∞

〈매트릭스: 리저렉션〉도 인간에게 자유 의지가 있고 선택은 미리 결정되어 있는 게 아니라는 쪽에 손을 들어준다. 네오가 새 아키텍트, 애널리스트를 찾아가 제안한다.

"그녀가 원하는 게

이것(매트릭스)이라고 말한다면

당신이 이긴다.

하지만 그녀가 날 원한다면

우릴 풀어줘."

네오가 선택권을 트리니티에게 넘기자고 제안하지만 네오도 이미 선택하고 왔다. "내가 왜 그런 멍청한 짓을 할까?"라고 반문하는 애널리스트에게 네오가 대답한다.

"지금 난 내 플러그를 뽑을 사람들로 가득 찬 배에 있어.

날 다시 데려가기 전에 말이야.

이 매트릭스를 원한다면

이게 네 유일한 기회야."

애널리스트에게 네오와 트리니티는 매트릭스에 없어선 안 될 큰 에너지원이다. 네오는 애널리스트와 거래하면서 목숨 건 도박을 한다. 하나뿐인 목숨을 건 도박은 네오만이 아니라 어떤 사람의 인생에서도 미리 결정되어 있는 선택일 수 없다. 자살하려고 태어나는 사람은 없다.

자기가 선택권을 가진 줄조차 모르는 트리니티도 애널리스트의 예상을 벗어난 선택을 한다. 네오와 마주한 트리니티는 이제 인터넷 게임이 된 매트릭스가 자기 기억의 일부라고 느꼈다고 하면서도 자기는 네오가 원하는 그녀가 될 수 없다고 말한다.

그러나 카페에 들어온 두 봇 아들과 봇 남편에게 팔이 이끌려 나가면서 남편의 다그침에 트리니티 특유의 싸늘하게 발끈하는 모습이 되살아난다.

"티파니, 티파니.
우리와 함께 가야 해. 티파니."

"날 그렇게 부르지 않으면 좋겠어.
빌어먹을.
난 그 이름이 싫어.
내 이름은 트리니티야.
나한테서 손 떼는 게 좋을 거야."

〈매트릭스: 리저렉션〉에서 네오가
애널리스트와 호위군이 기다리는 카페에 들어가는 모습

〈매트릭스: 리저렉션〉의 명장면이다. 자유 의지가 어떤 행동을 선택하는 이유가 '감정'이라는 걸 보여준다.

티파니는 애널리스트가 트리니티에게 붙인 이름이다. '티파니'라는 이름이 싫다는 감정이 트리니티가 매트릭스 대신 네오를 선택하는 이유다.

"싫어" "빌어먹을"은 이성의 언어가 아니다. 감정의 언어다.

인간에게 이성과 감정이 있다면 이성의 기능은 계산이다. 트리니티에게 선택권을 주자는 네오의 제안에는 계산이 깔려 있다. 네오는 매트릭스의 중요한 에너지원이기 때문에 애널리스트가 목숨을 담보로 하는 자신의 제안을 거절할 수 없을 거라는 계산이다.

네오가 원하는 그녀가 될 수 없다는 트리니티의 말도 계산에 의존한다.

네오가 원하는 그녀가 되려면 아직 뵛인 줄 모르는 남편과 아들들을 버려야 한다. 남편과 아들들에게 감당할 수 없는 슬픔과 고통을 줄 거라는 계산이 트리니티를 주저하게 만든다.

의지는 행동의 방아쇠다. 인간이 행동을 하려면 의지를 발휘해야 한다.

네오가 애널리스트에게 제안하려면 의지로 몸을 일으켜 호위군에 둘러싸여 있는 애널리스트에게 가야 한다. 트리니티가 네오에게 가려면 채드에게 이끌리는 팔을 떼어내려는 의지를 발휘해야 한다.

의지의 방아쇠를 당기는 손가락은 무엇일까?

철학에서 답은 둘로 나뉜다. 이성이라고 보는 답도 있고 감정이라고 보는 답도 있다. 의지가 본능, 충동에 좌우되지 않고 이성에 따른다고 보는 철학이 모더니즘이다.

모더니즘의 원조는 서양 근대철학의 출발점으로 불리는 르네 데카르트(R. Descartes)다. 데카르트는 이성이 감정을 통제할 수 있고 그래야 인간은 옳은 행동을 할 수 있다고 봤다. 그 유명한 "나는 생각한다, 그러므로 나는 존재한다."의 논리를 확립한 주인공이다.

감정이
의지의 방아쇠를 당긴다

∞

반면 포스트모더니즘은 인간의 생각과 행동에서 이성보다 감정을 더 중시한다. 포스트모더니즘은 인간 행동의 방아쇠인 의지는 감정이 당긴다고 본다.

"이성은 감정의 노예다."

—『인간 본성에 관한 논고』 415쪽

포스트모더니즘의 원조들 가운데 하나인 흄의 말이다. 흄은 이성이 행동의 방아쇠인 의지를 촉발한다는 모더니즘에 반대했다.

이성의 기능은 원인과 결과의 관계를 계산하는 것이다. 계산은 우리의 행동을 도와주지만 직접 일으키진 못한다. 우리의 행동을 직접 일으키는 건 감정이다.

네오가 애널리스트에게 한 제안은 이성의 계산에 기초한다. 그러나 네오의 이성이 계산한 이유는 트리니티를 사랑하기 때문이다. 네오의 이성은 네오의 감정에 봉사하는 노예다.

트리니티도 이성으로 계산하면 네오가 원하는 그녀가 되어선 안 된다. 그러나 티파니라는 이름이 싫다는 감정이 이성의 계산을 무릎쓴다. 트리니티의 이성은 트리니티의 감정에 복종하는 노예다.

트리니티는 네오를 원함으로써 낳을 손실인 남편과 아들들의 불행을 개의치 않는다. 이성으로 생각하면 채드가 짜증 나도 싫은 이름을 참고 듣는 게 가족의 불행보다 훨씬 낫다.

네오도 트리니티가 자기를 원하지 않음으로써 낳을 손실인 자기의 죽음을 아랑곳하지 않는다. 이성으로 생각하면 트리니티의 사랑을 얻지 못하는 게 플러그가 뽑혀 죽는 것보다 훨씬 낫다.

트리니티도 네오도 소탐대실을 선택한다. 트리니티와 네오는 이성이 아니라 감정으로 선택하고 의지의 방아쇠를 당긴다. 이성으로 생각하면 내 손가락에 상처가 나는 게 전 세계의 멸망보다 훨씬 더 낫지만, 인간의 감정은 전 세계가 멸망하더라도 내 손가락에 상처가 나면 안 된다. 흄이 보기에 사람은 늘 그렇다.

〈매트릭스: 리저렉션〉은 인간이 이성의 동물이 아니라 감정의 동물이라는 흄의 철학을 잘 보여준다. 그리고 인간의 감정을 중시하는 걸 '매트릭스 3부작'과 다른 특징으로 꼽는다. 애널리스트가 말한다.

"내 전임자는 정밀함을 좋아했어.

그의 매트릭스는 모두 까다로운 사실과 방정식이었지.

그는 결코 깨닫지 못했지만

넌 사실 따윈 신경도 안 써.

너희들은 가장 미친놈을 믿어.

감정들."

애널리스트가 전임자인 아키텍트가 좋아한다고 말하는 '사실'이나 네오가 신경 쓰지 않는다고 말하는 '사실'은 이성의 영역에 속한다. 사실은 원인과 결과의 관계를 계산해야 드러난다.

애널리스트가 네오와 인간들이 믿는다고 말하는 '가장 미친놈'은 '감정'이다.

인간의 감정은 종잡을 수 없다. 그래서 애널리스트는 트리니티를 빌미로 네오를 괴롭히며 감정을 자극하면 네오가 생체 에너지를 최대한으로 생산한다는 걸 알았다.

애널리스트는 아키텍트가 인간이 사실과 이성의 동물이 아니라 감정의 동물이라는 걸 깨닫지 못했다고 말하지만 그렇지 않다. 이미 아키텍트는 '인간에 내재한 불완전성' 때문에 첫 매트릭스가 실패했다는 걸 알았다. 또 아키텍트는 인간의 불완전성인 '괴팍한 면들'을 둘째 매트릭스에 더 정확히 반영했다.

아키텍트가 실패 원인으로 파악한 '인간의 불완전성', '괴팍한 면'은 애널리스트가 말한 '미친놈', '감정'이다.

"희망은
인간 본연의 환상이지.
네 가장 강한 무기이자
치명적인 약점이기도 하고."

〈매트릭스 2〉에서 아키텍트가 조금도 망설이지 않고 트리니티를 구하는 왼쪽 문으로 가는 네오에게 하는 말이다.

희망도 감정이다. 아키텍트가 보기에 희망이라는 감정은 이뤄질 수 없는 환상이지만 인간을 다른 종과 구별해주는 인간만의 것이다. '네 가장 강한 무기'니까 희망이라는 인간 감정을 자극하면 생체 에너지가 가장 많이 생산된다. 또 인간 감정은 종잡을 수 없는 '미친놈'이어서 '치명적인 약점'이기도 하다.

'네 가장 강한 무기이자 치명적인 약점'을 영어 대본에 충실하게 번역하면 '네 최대 강점이자 최대 약점의 소스(simultaneously the source of your greatest strength and your greatest weakness)'다.

그러니까 아키텍트가 네오에게 선택의 문제라고 한 오른쪽 문은 '매트릭스'의 소스로 가는 문이고 왼쪽 문은 '인간'의 소스로 가는 문이다. 소스는 양념이 아니고 원천이다. 인간의 소스, 원천은 아키텍트가 보기에도 희망 같은 감정이다.

네오는 〈매트릭스 2〉에서 기계의 원천인 매트릭스가 아니라 인간의 원천인 사랑의 감정을 선택한다. 트리니티도 〈매트릭스: 리저렉션〉에서 기계의 원천인 매트릭스가 아니라 인간의 원천인 싫다는 감정을 선택한다.

아키텍트와 애널리스트가 인간을 보는 눈은 다르지 않다. 둘 다 인간을 감정의 동물로 본다. 인간이 감정의 동물이라면 미래는 인간이 선택할 수 있을까?

이제 문제는 미래에 개인은 감정이 방아쇠를 당기는 자유 의지로 선택해 인생을 바꿀 수 있느냐는 것이다. 감정은 '미친놈'이어서 소탐대실을 선택할 가능성이 크고 개인의 인생은 망할 수 있다.

또 개인은 누구나 이성과 감정을 갖고 있고 이성이 견제하기에 감정이 쉽사리 의지의 방아쇠를 당기지 못한다. 트리니티가 가족을 버리는 걸 주저하는 것처럼.

그러나 반전이 일어날 수도 있다. 인생은 감정이 방아쇠를 당겨 부활할 수도 있다. 트리니티가 부활한 것처럼. 선택은 각자의 몫이다.

아쉬운 답인가? 그렇다면 '매트릭스 시리즈'의 답은 늘 감정이 방아쇠를 당긴다는 것이다. 빨간 약, 모피어스의 목숨, 트리니티를 구하는 왼쪽 문, 시온을 구하는 자살, 트리니티의 "싫어"는 모두 이성이 아니라 감정이 의지의 방아쇠를 당기는 선택이다.

인간은 감정의 동물이다. 느낌대로 산다.

2부

영화도 철학도
사랑을 찾아 나서는
일이다

온갖 것이 끼어드는 결함투성이 사랑

<어바웃 타임>
<건축학개론>

봉은사에 있는 다래헌에서 법정 스님을 만난 적이 있다. 스님의 빅팬이었다. 스님은 잣, 대추가 든 구기자차를 내주셨다. 다래헌 광에 역기 의자만 달랑 놓여 있던 기억이 난다.

"사랑은 서로 마주 보는 것이 아니라 함께 같은 쪽을 바라보는 것이다."

법정 스님이 첫 책 『영혼의 모음』에서 앙투안 드 생텍쥐페리(A. Saint-Exupĭry)의 『어린 왕자』에 나온다고 극찬한 말이다. 함께 같은 쪽을 바라보는 사랑이 뭘까?
<어바웃 타임>에서 길거리 뮤지션들이 노래를 부른다.

───────── 어바웃 타임 About Time, 2013 ─────────

감독: 리차드 커티스 **출연**: 도널 글리슨, 레이첼 맥아담스 외

"얼마나 오래 널 사랑할 수 있을까?

별들이 너 위에 있는 한,

가능하면 더 오래."

뻥이다. 별의 수명은 짧아도 수백만 년이다. "가능하면 더 오래"의
최대치는 현재로는 우주의 나이 140억 년이다. 우주가 미래에도 쭉
존재한다면 최대치는 수천억 년도 더 늘 수 있다.

〈어바웃 타임〉은 서로 마주 보는 사랑 영화다. 함께 같은 쪽을 바
라보는 사랑도 들어 있다.

팀 레이크는 스물한 살 때 아빠에게 가문의 남성들이 특별한 재능을 가지고 있다는 말을 듣는다. 시간 여행 재능이다. 다만 미래로 갈 순 없고 기억하는 과거로만 갈 수 있다. 그리고 출발점으로 돌아올 순 있다. 출발점도 기억 속에선 과거니까.

아빠는 팀에게 돈을 위해 재능을 쓰지 말라고 조언한다. 자기는 주로 책 읽는 데 썼다며. 팀은 사랑을 위해 쓰겠다고 말한다.

여동생 킷 캣 남친의 사촌 샬롯이 휴가를 보내러 팀의 바닷가 집에 온다. 팀은 휴가 마지막 날 샬롯에게 고백한다. 샬롯은 일찍 말했으면 좋았을 거라고 답한다. 팀은 과거로 돌아가 일찍 고백한다. 샬롯은 이번엔 마지막 날까지 기다리는 게 좋겠다고 답한다.

팀은 변호사 경력을 쌓고자 런던에 가서 아빠의 오랜 극작가 친구, 해리의 집에 머문다. 어느 날 팀은 레스토랑에 갔다가 출판사에서 일하는 메리를 만나 휴대폰 번호를 얻는다. 팀은 집으로 돌아와 해리가 새 연극의 개막 공연을 망쳤다고 심란해하는 모습을 본다.

팀은 과거로 돌아가 해리의 연극이 성공하게 돕는다. 그러나 메리의 번호가 폰에 남아 있지 않다. 같은 시간에 해리를 도와주러 가는 바람에 팀과 메리의 만남은 없는 일이 되었다.

팀은 메리가 모델 케이트 모스의 광팬인 걸 기억하고 케이트 모스 사진전에 가서 뻗친다. 드디어 메리가 나타나지만 그새 메리에게 남자친구가 생겼다. 팀은 메리와 남자친구가 만난 곳으로 돌아가 케이트 모스 이야기로 메리를 빼돌린다. 둘은 사랑에 빠진다.

〈어바웃 타임〉에서 팀과 메리의 결혼식 후 사진을 찍기 위해 서 있는 모습

팀은 짝사랑 샬롯과 우연히 다시 만나고 이번엔 샬롯이 팀을 꼬드긴다. 팀은 거의 넘어갈 뻔하다가 메리를 진심으로 사랑한다는 걸 느끼고 메리에게 달려가 프러포즈한다.

팀은 아빠가 말기 암에 걸렸고 시간 여행이 병을 막을 수 없다는 걸 안다. 팀은 아빠가 그리울 때마다 과거로 돌아가 바닷가 집을 찾는다.

메리는 팀에게 셋째 아이를 가지고 싶다고 말한다. 팀은 아빠를 다시 볼 수 없어 우울해한다. 셋째 아이가 태어나고 아빠를 다시 보러 가면 첫 아이 때 경험했듯 셋째 아이의 성이 바뀔 수도 있다. 하지만 동의한다. 팀은 메리가 출산하기 직전 아빠에게 가서 마지막 방문이라며 가슴 아픈 이별을 알린다.

서로 마주 보는 사랑은
소중하다

∞

결혼식 장면이 인상 깊다. 〈어바웃 타임〉의 명장면이다. 이탈리아 가수 지미 폰타나(Jimmy Fontana)의 〈이 세상(Il Mondo)〉이 신부 입장곡으로 쓰인다. 메리는 처음엔 싫다고 하지만 신랑과 아빠가 깜짝 놀라게 〈이 세상〉을 튼다.

착한 신부는 신랑에게 "널 위한 거야."라고 소리 없이 말하며 어깨를 예쁘게 움직인다. 신랑도 가벼운 제자리 댄스로 화답한다. 아빠도 한때 놀던 가락으로 날렵한 춤 솜씨를 발휘하지만 엄마의 눈치에 동작 그만. 걸어오는 신부와 맞이하는 신랑이 주고받는 눈빛. 사랑은 서로 마주 보는 게 아니고 뭘까?

'사랑은 감정의 배타적 인정이다.'

독일 철학자 악셀 호네트(A. Honneth)의 말이다. 인정의 반대는 무시다. 사람은 태어나서 죽을 때까지 온갖 인정과 무시로 점철되어 있는 인생을 산다.

갓 태어난 아기는 혼자 할 수 있는 게 거의 없지만 부모의 극진한 인정을 받는 능력이 있다. 엄마, 아빠 눈에 자식보다 예쁜 아기는 없다. 아기는 엄마 젖을 뗄 때 인생에서 처음으로 무시를 경험한다. 어린이집, 유치원, 학교, 직장에 가서 남들과 어울리면 인정과 무시의 경험은 더 다양하고 격해진다.

사랑은 인정이다. 내가 누군가를 사랑하는지 테스트하는 방법은 그와 통화해보는 것이다. 사랑하는 사람이 나에게 말하면 다른 어떤 사람이 말할 때와도 다른 느낌이 든다. '인정'의 느낌이다. 내가 사랑하는 사람에게 말해도 그가 반응하지 않으면 기분이 나쁘다. '무시'의 느낌이다.

사랑은 배타적 인정이다. 사랑에 빠지면 눈이 머는 게 아니다. 사랑하는 사람만 보이고 타인은 보이지 않는다. 샬롯이 꼬드길 때 팀은 메리에 대한 배타적 인정의 감정을 느끼고 메리에게 달려간다.

배타적 인정은 함께 같은 쪽을 바라보는 사랑이 아니라 서로 마주 보는 사랑이다. 서로 마주 보지 않고 눈길이 어긋나면 사랑할 수 없다. 이 세상 모든 사랑은 서로 눈길을 자기에게 붙잡아둬야 이뤄진다. 법정 스님이 틀렸다.

법정 스님이 서로 마주 보는 사랑을 몰라서 서로 함께 바라보는 사랑을 권했다고 생각하지 않는다. 스님은 서로 마주 보는 사랑에 문제가 있고 함께 바라보는 사랑이 그 문제를 해결하는 참사랑이라고 생각했을 것이다.

서로 마주 보는 사랑은 무엇이 문제일까? 인정의 주체가 감정이라는 게 문제다. 감정은 변신의 귀재니까.

"세상에, 예쁘네.

너무 예뻐서 쟤랑 섹스하면 죽겠다.

단추 풀고 가슴 보면 눈이 폭발할 거야.

눈을 가리고 섹스해야 할 거야.

그래도 죽을걸."

팀의 친구 변호사 로리가 샬롯을 보고 하는 말이다. 혹시 팀은 샬롯을 다시 만난 게 처음이 아니지 않을까? 팀이 돌부처가 아니라면 샬롯이 눈앞에 아른거려 다시 돌아가 유혹을 받아들일 수도 있다. '눈이 폭발할' 정도인 여성에 대한 XY들의 리액션은 팀이 아니라 로리 쪽이 훨씬 많다.

감정은 변신의 귀재여서 샬롯을 인정한다고 느끼다가도 1초 만에 메리를 인정한다고 바꿔 느낄 수 있다.

바람피우는 남편이 아침에 아내에게 사랑한다고 말하곤 저녁에 애인에게 사랑한다고 말하는 건 둘 다 진심일 수 있다. 너만 인정한다는 약속은 바람 속 촛불처럼 흔들리기 쉬운 감정의 약속이기 때문이다.

서로 마주 보는 사랑의 약점은 감정의 배타적 인정이기 때문에 흔들리고 깨지기 쉽다는 것이다. 그러나 서로 마주 보는 사랑은 여전히 소중하다. 인정의 반대가 무시이기 때문이다.

함께 같은 쪽을 바라보는 사랑이 얼마나 좋을지 몰라도 서로 마주 보는 사랑이 무시를 느끼는 것보다 훨씬 더 낫다.

새해맞이 파티에서 팀에게 "해피 뉴 이어."라며 키스 대신 악수를 받는 말괄량이 파트너 폴리의 감정, "너한테 완전히 빠져버렸어. 네 머리카락이 완전히 없어도 여전히 널 사랑할 거야."라고 샬롯에게 고백했다가 마지막 날에 다시 해보라는 말을 듣는 팀의 감정은 모두 무시의 감정이다.

다시 새해맞이 파티에 돌아온 팀에게 격한 키스를 받는 폴리의 감정, 우연히 만난 샬롯에게 아파트 문 앞에서 "훨씬 좋아. 안에 들어가면."이라고 유혹을 받는 팀의 감정, 런던 지하철 메이다 베일역에서 출근하며 반대쪽 차를 타려고 헤어질 때 키스하고 아쉬워하는 메리와 팀의 감정은 모두 인정의 감정이다.

이 모든 인정의 감정이 저 모든 무시의 감정보다 훨씬 더 좋다.

함께 같은 쪽을 바라보는
사랑은

∞

함께 같은 쪽을 바라보는 사랑은 어떤 걸까?

소행성에서 장미 한 송이를 기르다가 지구에서 수천 송이를 발견하고 슬퍼하는 어린 왕자에게 여우가 비밀을 알려주겠다고 한다. 그러나 첫날부터 알려줄 순 없고 길들이는 과정이 필요하다고 한다.

어린 왕자가 길들이는 게 뭐냐고 묻자, 여우는 첫날엔 멀리 떨어져 있다가 매일 조금씩 가까이 다가오고 그다음엔 시간 약속까지 하고 오라고 한다. 그러면 약속 시간이 다가오기 전부터 자기 마음이 설렐 테니까.

여우는 어린 왕자와 서로 충분히 길들인 뒤 비밀을 알려준다. 소행성에서 기른 장미는 어린 왕자가 물 주고 벌레를 잡으며 길들인 것이어서 지구에 핀 장미들과 다르다고.

함께 같은 쪽을 바라보는 사랑은 길들이기 과정을 거친 사랑이다. 여우와 어린 왕자는 서로 조금씩 가까이 앉으며 길들이는 과정을 거치자 함께 같은 쪽을 바라볼 수 있다.

그쪽엔 여우가 어린 왕자에게 알려준 비밀이 있다. 소행성에서 길들인 장미는 지구에서 길들이지 않은 장미와 다르다는 비밀, 여우와 어린 왕자는 이 비밀을 공유한다.

팀과 아빠의 사랑도 함께 같은 쪽을 바라보는 사랑이다. 팀과 아빠가 함께 바라보는 건 돈이 아니라 가족이다.

아빠는 팀의 결혼식 때 들러리로 나서 말한다.

"저는 평생 세 남자만 사랑했습니다.
제 아버지는 쌀쌀맞은 사람이었으니
남은 건 데스몬드 아저씨, 비비 킹,
그리고 여기 젊은 친구입니다.

이 친구는 따뜻하고 착합니다.

제 인생에 특별히 자랑할 만한 게 없지만

제 아들의 아버지인 건 정말 자랑스럽습니다."

아빠는 팀에게 자식을 자랑스러워하는 아빠가 되라고 말한다. 팀도 같은 쪽을 바라본다. 아빠를 자랑스러워하는 자식이 된다.

함께 같은 쪽을 바라보는 사랑의 원형은 고대 그리스 철학자 플라톤(Platon)의 대화편, 『향연』에서 소크라테스가 알려준다. 『향연』은 아가톤의 비극 대회 우승을 축하하는 파티에서 참석자들이 나눈 대화를 기록하고 있다.

소크라테스는 사랑이 충분한 게 아니라 부족한 걸 원하는 거라며 사람들에게 절실하게 부족한 것으로 아름다움, 덕, 지혜를 꼽는다. 이 가운데 지혜(sophia)가 부족하다는 걸 깨닫곤 함께 추구하고 사랑하면(philos) '철학(philosophia)'이 된다.

함께 같은 쪽을 바라보는 사랑은 함께 삶의 지혜를 사랑하고 추구하는 지혜 사랑, 곧 철학이다. 소크라테스에게 사랑하는 사람들이 함께 바라보는 쪽에 있는 건 삶의 지혜이고 함께 같은 쪽을 바라보려고 길들이는 과정은 대화다.

철학, 삶의 지혜라고 해서 거창한 게 아니다.

자식을 자랑스러워하는 아빠가 되라는 평범한 지혜를 공유하는 것도 슬기 사랑, 철학이다. 팀이 메리가 셋째 아이를 가지는 데 동의

하는 것도 가족을 소중하게 여기는 마음을 공유하는 지혜 사랑이다.

서로 마주 보는 사랑은 서로 다른 인생관이 부딪칠 수 있다. 그러나 함께 같은 쪽을 바라보는 사랑은 시간을 들여 서로 길들이고 인생관을 조율하기 때문에 크게 부딪치지 않는다.

팀이 아빠의 죽음을 받아들이는 건 큰 소란을 동반하지 않는다. 팀의 자녀가 팀의 죽음을 받아들이는 것도 큰 소란이 일지 않을 것이다.

다음 세대의 자손에게 큰 소란 없이 세상을 물려주는 것도 팀과 아빠가 공유한 마지막 지혜다. 함께 같은 쪽을 바라보는 사랑은 서로 길들이며 삶의 지혜를 나누는 것이다.

절대 키스, 절대 섹스
같은 건 없다

∞

〈건축학개론〉은 노래 〈기억의 습작〉을 바람의 노래로 만든다.

"너의 마음속으로 들어가 볼 수만 있다면…

많은 날이 지나고

나의 마음 지쳐갈 때

내 마음속으로 스러져가는 너의 기억이 다시 찾아와."

서연은 다시 만난 첫사랑, 승민이 완공한 제주도 집에서 승민이 돌려준 CD플레이어로 〈기억의 습작〉을 듣는다. 이런 생각이 들지도 모른다.

"승민의 마음속으로 들어가 볼 수만 있다면…
별거와 이혼으로
나의 마음 지쳐갈 때
내 마음속으로 스러져가는 첫사랑이 다시 찾아와."

돌싱 서연이 이렇게 생각하는 건 아무 문제도 없다. 그러나 이제 승민의 아내가 된 현지나 돈 많은 장인 장모가 〈기억의 습작〉을 바꿔 부를 수도 있다.

"남편 마음속으로 들어가 볼 수만 있다면…"

"사위 마음속으로 들어가 볼 수만 있다면…"

승민은 끝난다.
〈건축학개론〉은 첫사랑 영화다. '국민 첫사랑'이라고 불린 신인 배우를 낳았다. 누구나 잊지 못하는 첫사랑의 순수함. 그런데 첫사랑은 정말 순수할까?

───────── 건축학개론 Architecture 101, 2012 ─────────

감독: 이용주 **출연:** 엄태웅, 한가인, 이제훈, 수지 외

승민이 구둔역에서 서연에게 입술을 맞췄다고 하자 납득이 잘 안
되는 재수생 절친 납뜩이가 말한다. 두 손을 비비고 두 팔을 꼬며 온
몸을 비트는 모션과 함께.

"그게 키스야?

키스라는 건 말이야.

봐봐. 자. 입술이 붙잖아.

그럼 걔 혀, 네 혀가 자연스럽게 들어온다고

스스르 뱀처럼. 스네이크

만나. 자연스럽게. 막 섞여. 하나가 돼.

비벼. 막 비벼. X나 비벼.

일로 갔다 절로 갔다

앞으로 갔다 뒤로 갔다

X나 비벼. 막 비벼.

흐흐 환상….

이게 키스야.

네가 한 것은 뽀뽀

만나면 반갑다고 뽀뽀뽀”

납뜩이가 묘사하는 키스가 완벽한 것이라면 이런 절대 키스는 없다. 절대 키스는 환상이다. 납뜩이도 환상이라고 말한다. 기분이 황홀하다는 뜻에서 환상이다. 그러나 절대 키스는 실제로는 없다는 뜻에서 환상이다.

다시 만난 서연과 승민은 완성된 제주도 집에서 진한 키스를 나눈다. 서연과 승민이 진한 키스 뒤에 섹스를 했을까?

정신분석학자이자 철학자 자크 라캉(J. Lacan)에게 물어보면 이렇게 대답할 것이다.

“성관계 같은 건 없다.”

섹스도 키스와 같다. 완벽한 섹스는 없다. 절대 섹스는 환상이다. 서연과 승민이 설사 섹스를 했더라도 절대 섹스는 아니다. 라캉에 따르면 우리는 이미 '거세'되었기 때문이다.

거세는 성기를 자르는 게 아니다, 원초적 욕망의 향유를 포기하는 것이다. 남성뿐 아니라 여성도 가능하다. 원초적 욕망은 라캉에게도 프로이트와 마찬가지로 엄마, 아빠를 독차지하고 싶은 것이다.

거세는 원초적 욕망에 대한 아버지의 금지 명령을 받아들이는 것이다. "엄마와 자지 마라." "아빠와 자지 마라." "형제자매와 자지 마라."라는 금지 명령을 머릿속에 새기는 게 거세다. 엄마, 아빠에 대한 원초적 욕망을 말해 불편하게 들릴 것이다. 거세되었다는 증거다.

라캉은 거세를 상징 세계로의 진입이라고 부른다. 금지 명령은 언어로 표현할 수 있고 언어는 기호이자 상징이기 때문이다. 라캉은 사람이 원초적 욕망을 억압해 상징 세계로 진입하는 데는 '엄마'부터 시작해 배우는 언어가 핵심 역할을 한다고 말한다.

성관계 같은 건 없다. 엄마와의 결합을 대신할 수 있는 섹스는 없다. 섹스를 해도 해도 또 하고 싶은 이유는 절대 섹스가 아니기 때문이다. 원초적 욕망은 이미 아버지의 이름으로 거세되어 무의식 속에 갇혀 있어서 결코 충족될 수 없다.

라캉에 따르면 억압된 원초적 욕망의 향유는 충족되지 않더라도 결코 사라지지 않는다. 마치 은행의 계좌 이체처럼 다른 향유로 이전된다. 언어의 향유로 이전된다.

"그거… 내 첫키스였는데."

"네가 내 첫사랑이었으니까."

서연이 제주도 집에서 승민에게 고백한다.

우리는 엄마, 아빠와 원초적 욕망을 억압하는 대신 첫키스와 첫사랑을 찾는다. 그리고 '첫키스'와 '첫사랑'이라는 언어로 포장한다. 서연은 '첫키스'와 '첫사랑'의 언어 고백으로 승민과 이루지 못한 사랑의 아픔을 달랜다.

그러나 서연이 진실로 달래는 건 승민이 아니라 아빠와 이루지 못한 사랑의 아픔이다. 서연은 이 원초적 사랑을 이루지 못했기 때문에 다른 사랑을 찾았고 그 사랑을 '첫키스'와 '첫사랑'이라고 불렀다.

첫키스와 첫사랑의 고백, 감동, 진한 키스, 했을지도 모르는 섹스. 원초적 욕망을 향유하는 걸 포기한 대가다. 이 정도로도 향유라면 향유다. 진품 대신 짝퉁으로 향유하는 것도 만족이 제로는 아니다.

라캉도 인정한다, 작은 향유는 남아 있다고. 그러나 아쉽기 그지 없다. 또 하고 싶고 더 하고 싶다. 그러나 해봤자 소용없다. 원초적 욕망은 충족되지 않는다.

그러니까 성관계 같은 건 없다. 성관계 같은 게 없다고 해서 섹스를 하지 않는다는 뜻이 아니다.

사랑에는
온갖 잡것이 끼어든다

사랑과 섹스도 언어의 통제 아래 있다. 성관계 같은 건 없다는 말의 다른 뜻이다. 언어가 하는 짓이 사랑과 섹스조차 순수하지 않고 온갖 잡것이 섞이게 만든다는 뜻이다. 게스(GUESS) 대신 게우스(GEUSS), 나이키(NIKE) 대신 나이스(NICE). 승민의 가난을 보여준다. 〈건축학개론〉의 명장면이다. 방송반 선배 재욱이 서연을 차로 집에 데려다준다. 승민은 뒷좌석에서 잠든 척하고 있다.

"너 쟤랑 친해?"

"그냥 쪼금."

"그럼 둘이 잘 해보든가."

"아녜요. 말도 안 돼."

"야. 쟤 옷 좀 봐라. 게스가 GUE잖아. 스펠 틀렸어."

"어 진짜 그러네. GEU, GEU."

〈건축학개론〉에서 승민이 게우스(GEUSS) 셔츠를 입고 서연과 만나는 모습

재욱의 차가 신호등에 잠시 멈춘 사이 승민이 황급히 내린다. 승민은 집으로 돌아와 엄마 앞에서 게우스 셔츠를 벗어 마당에 패대기친다. 이 불쌍한 청춘, 언어가 하는 짓이다. 언어가 사랑에게 하는 짓은 말장난이 아니라 명령이다.

아버지의 금지 명령은 첫 명령일 뿐이다. 평생 남들의 명령을 머릿속에 또박또박 새긴다. 승민에겐 게우스 셔츠를 부끄러워하게 만드는 명령문이 머릿속에 새겨 있다.

'진품이 폼나니까 싸구려 짝퉁은 버려라.'

'가난은 쪽팔리니까 돈 벌어라.'

서연의 머릿속에 있는 명령문도 별로 다르지 않다.

'잘생기고 키 크고 잘사는 남자를 사귀어야 해.'

아버지의 금지 명령은 사람이 언어를 배우기 시작하면서 머릿속에 새기는 온갖 명령문의 출발점이다.

"이제 좀 꺼져줄래?"

승민은 서연이 재욱과 잤다고 생각하곤 이별을 통보한다. 재욱처럼 오피스텔이나 자가용은커녕 싸구려 짝퉁 셔츠나 입고 CD플레이어도 없는 주제에 서연의 사랑을 얻는 건 철없는 생각이라는 것도 남들이 승민의 머릿속에 새긴 명령문이다.

서연이라면 첫사랑이어서 승민을 받아들일까? 승민이 이별 통보를 하지 않았다 해도 압서방파의 언어, 압구정동, 서초동, 방배동의 언어가 서연이 시차 없이 승민 대신 똑같은 말을 내뱉게 할 것이다.

사랑에는 온갖 잡것이 끼어든다. 그러나 온갖 잡것이 끼어들어 만드는 상징 세계의 힘은 강하다. 사랑이 실제론 있을 수 없는 절대 사랑에 대한 환상이더라도 상징 세계는 힘차게 굴러간다. 사랑도 하고 결혼도 하고 자식도 낳고 별거도 하고 이혼도 하고 재혼도 하고.

갈수록 사랑은 상징 세계의 현실이 된다. 사랑이 상징 세계의 현실이 되면 서로 마주 보는 사랑이나 함께 같은 쪽을 바라보는 사랑은 실현 가능성이 줄어든다.

마주 보는 사랑은 눈먼 시기가 지나면 곁눈질이 시작되고 함께 같은 쪽을 바라보는 사랑으로 진화할 가능성도 확 줄어든다.

사랑은 서로 마주 보는 것일 수도 있고 함께 같은 쪽을 바라보는 것일 수도 있다. 어느 것이든 서로 마주 보지도 않고 함께 같은 쪽을 바라보지도 않는 쌩까, 차임, 거부, 무시에 비해 좋다.

그러나 서로 마주 본다는 것도 함께 같은 쪽을 바라본다는 것도 환상이 아닐까? 현실은 언제나 눈길이 서로 어긋나 있지 않을까? 차라리 이렇게 생각하는 게 결함투성이 우리에게 걸맞을지도 모른다.

감성을 해방하는 섹시한 놀이터

〈친구와 연인사이〉
〈인민을 위해 복무하라〉
〈감각의 제국〉

섹스는 둘 중 하나다. 사랑 있는 섹스(sex with love)와 사랑 없는 섹스(sex without love).

사랑 있는 섹스는 결혼하지 않더라도 사랑하는 마음이 있으면 하는 섹스다. 사랑 없는 섹스는 그 옛날 서로 얼굴도 모르고 맞이하는 첫날 밤, 하룻밤 섹스, 돈으로 사는 섹스다.

2018년 질병관리본부 조사 통계에 따르면 섹스 경험이 있는 10대 청소년은 5.7%다. 성 문제 연구자와 상담한 어느 여고생이 섹스를 경험한 동기는 '죽여주는 쾌락'을 느껴보는 것이다.

쾌락이 사랑 없는 섹스의 목적이고 〈친구와 연인사이〉의 주제이기도 하다.

──────── **친구와 연인사이 No Strings Attached, 2011** ────────

감독: 이반 라이트만 **출연:** 나탈리 포트만, 애쉬튼 커쳐 외

〈친구와 연인사이〉의 원제목은 'No Strings Attached'다. "매달린 줄 없이" "아무 조건 없이"다. 아무 조건 없이 100만 원을 주듯 아무 조건 없이 섹스만 한다는 뜻이다.

영화의 두 주인공은 '섹스 친구(Sex Friends)'라고 자기를 소개한다. 그러자 개와 산책하러 나온 동네 주민이 말한다.

"그건 불가능해요"

사랑 없는 섹스는
곧 나르시시즘

∞

의사 엠마 프랭클린과 TV 뮤지컬쇼 제작 보조 아담 커츠만은 10대 때 여름 캠프에서 처음 만나고 성인이 되어서도 우연히 만나지만 서로 연락하지 않는다. 어느 아침 아담은 소파에서 홀딱 벗은 채 눈을 뜬다. 엠마의 의사 친구들은 아담이 전날 만취해 옷을 벗고 기절했다며 놀린다. 바지를 찾으러 엠마의 방에 들어간 아담은 엠마와 섹스한다. 아담의 집에서 섹스한 엠마가 제안한다. 〈친구와 연인 사이〉의 명장면이다.

"이렇게 하길 원해?

밤낮 가리지 않고

서로 섹스 상대가 되는 거.

그 외에 아무것도 없어."

아담의 차 뒷좌석, 엠마의 라커룸, 샤워실, 병원 창고, 병원 수술실, 엠마와 아담의 집. 둘은 수시로 만나 섹스한다. 싸우지 않기, 거짓말하지 않기, 질투하지 않기, 서로 눈 깊게 쳐다보지 않기, 꽃 선물하지 않기, 비상 연락 번호에 올리지 않기. 엠마와 아담이 매달리지 않기로 동의한 줄들, 조건들이다.

〈친구와 연인사이〉에서 아담이 엠마에게 꽃 대신 당근 다발을 선물하는 모습

그러나 아담은 엠마의 병원 동료 샘을 질투하고 엠마는 아담의 레즈비언 친구들, 조이와 리사를 질투한다. 아담은 엠마에게 밸런타인데이에 한 번만 데이트하자고 청하고 엠마가 응한다. 아담은 꽃다발대신 당근 다발을 선물하고 놀이 공원에서 골프도 친다. 그러나 반짝이는 조명을 구경하러 갔다가 아담이 사랑한다고 고백하자 둘은싸우고 헤어진다. 엠마의 여동생 결혼식 전날, 엠마와 아담은 다시만나고 다음 날 여동생 결혼식에서 결혼한다.

프랑스 철학자 장 보드리야르는 사랑 없는 섹스의 정체가 내 몸에대한 나르시시즘, 자기도취 사랑이라고 말한다. 나르시시즘은 그리스 신화에서 물에 비친 제 모습에 도취해 빠져 죽어 수선화가 된 미소년 나르시수스에서 유래한다.

사랑 없는 섹스는 소극적인 게 아니라 적극적인 것이다. 섹스에서 여러 가지 감정을 적극 배제하기 때문이다. 섹스할 때 내 감정은 넷이다. 남의 마음에 대한 감정, 내 마음에 대한 감정, 남의 몸에 대한 감정, 내 몸에 대한 감정.

사랑 있는 섹스는 네 감정을 다 포함할 수 있다. 상대와 나의 마음이 사랑의 감정으로 가득 차는 것도 중요하고 상대와 나의 몸이 쾌감으로 가득 차는 것도 중요하다.

사랑 없는 섹스는 앞의 세 감정을 적극 배제한다. 이 감정들을 섹스에 섞으면 피곤하고 자존심이 상할 수 있다. 섹스에서 상대의 마음과 몸을 배려하면 신경 쓸 일이 많아서 피곤하다. 또 내 마음에 대한 감정을 배제하면 자존심 상할 일이 별로 없다. 자존심 상하는 일은 내 마음에 대한 사랑, 존중의 감정이 상처받을 때 생긴다.

그러나 사랑 없는 섹스는 내 몸에 대한 감정만은 배제하지 않는다. 내 몸에 대한 사랑의 감정, 내 몸의 쾌락을 얻으려는 감정만은 강하게 지닌다. 그래서 사랑 없는 섹스의 정체는 내 몸에 대한 자기도취 사랑, 나르시시즘이다.

엠마와 아담이 매달지 않기로 동의하는 조건들은 내 몸에 대한 감정 빼고 모든 감정을 배제하는 장치들이다. 싸우지 않기, 거짓말하지 않기, 질투하지 않기는 나와 상대의 마음에 대한 감정을 배제하는 방법이다. 싸우고 거짓말하면 나와 상대의 마음이 상하고 질투하면 내 마음이 상한다.

서로 눈을 깊게 쳐다보거나 꽃을 선물하면 상대의 마음에 대한 사랑의 감정을 배제할 수 없다. 비상 연락 번호에 올려 사고가 났을 때 연락이 오면 상대의 몸에 대한 사랑의 감정도 배제할 수 없다.

오로지 내 몸에 대한 사랑의 감정만 남겨 섹스로 내 몸의 쾌락을 얻는다. 엠마는 아담과 밤낮없이 서로 섹스 상대가 되기로 합의한 뒤 아담이 잘 안 될 것 같다고 하자 "누군가 그 이상을 원할 때까지만 하자."라고 말한다. 누군가 내 몸에 대한 사랑의 감정 이상을 원할 때는 헤어지자는 뜻이다. 아담은 동의한다.

알몸은
이 시대 최고의 유행 의상

∞

보드리야르에 따르면 내 몸에 대한 나르시시즘은 현대 소비 사회가 요구한다. 소비 사회는 생산보다 소비가 경제의 동력이다. 낭비도 소비다. 소비가 없으면 생산 자금도 없다. 보드리야르는 사람들이 상품에서 소비하는 건 산업 사회에선 사용 가치지만 소비 사회에선 기호 가치라고 말한다.

사용 가치는 쓸모이고 기호 가치는 사회 지위와 차이를 표현하는 수단이다. 명품 백의 사용 가치는 지갑이나 화장품 같은 물건을 담는 것이고 기호 가치는 남들에게 뽐내는 것이다.

1천만 원짜리 명품 백이 10만 원짜리 시장 백보다 물건을 담는 사용 가치가 100배나 더 좋진 않지만 사람들은 명품 백을 원한다. 시장 백을 든 사람들과의 명백한 차이, 우월한 지위를 보이고 싶기 때문이다. 적어도 기죽지 않고 싶기 때문이다.

　기호 가치가 상품 선택의 기준으로 중시되는 소비 사회에서 가장 아름다운 기호는 몸이다. 몸이 이윤을 낳는다. 이 시대 최고의 유행 의상은 '알몸'이다.

　소비 사회에서 몸은 사유 재산의 일부다. 재산으로 관리해야 한다. 또 몸은 자기도취 숭배의 대상이다. 노동력이 아니라 사회 지위를 표시하는 기호로 조작하고 투자해야 한다.

　소비 사회에서 내 몸에 대한 나르시시즘이 없는 사람, 내 몸을 관리·조작하지 않고 내 몸에 투자하지 않는 사람은 손가락질을 받는다. 2020년 기준으로 성형외과 의원이 전국에 1,008개 있다. 그중 서울에 530개 있고 강남구에만 400개로 74.3%에 달한다.

　보드리야르는 소비 사회가 기호 가치를 소비하고 몸에 대한 자기도취 사랑을 요구하는 게 좋다고 평가하지 않는다. 오히려 나쁘다고 평가한다. 기호 가치의 소비와 자기 몸에 대한 나르시시즘은 사물화 현상이기 때문이다.

　사물화는 살아 있는 걸 죽은 것으로 취급하는 현상이다. 소비 사회에서 사랑 없는 섹스는 나든 남이든 살아 있는 사람의 몸과 마음을 죽은 사물로 취급하는 현상이다. 소비 사회에서 몸은 기호이고 기호는 죽은 것이다. 기호는 의미를 경시하거나 무시하는 것이기 때문이다. 사랑 없는 섹스를 즐기는 사람들은 섹스의 의미를 진지하게 따지지 않는다. 몸이 즐거우면 그만이다.

엠마는 몸이 즐거운 섹스 이상이 되지 않게 높은 벽을 친다. 엠마는 스스로 돌볼 수 있다고 믿기 때문에 남이 자기를 돌봐주는 걸 꺼린다.

그러나 엠마는 스스로 배신한다. 아담이 다쳤다는 말을 듣고 응급실로 달려간다. 아담의 옛 여자친구와 사귀는 아빠를 함께 만나 아담을 돌봐준다. 아빠가 아담의 옛 여자친구와 아이를 갖고 싶다고 하자 아담은 레스토랑 테이블에 머리를 처박고 엠마가 아빠에게 쏜다. "당신이 이미 아이처럼 행동하기 때문에 또 다른 아이를 이 세상에 데려올 이유가 전혀 없네요." 둘은 처음이자 마지막 데이트를 하다가 싸우고 헤어지지만 엠마는 동생한테 털어놓는다. "그 사람 생각을 멈출 수가 없어."

〈친구와 연인사이〉에서 엠마와 아담은 사랑 없는 섹스를 하지만 둘이서만 섹스하기 때문에 진짜 사랑 없는 섹스는 아니다. 엠마가 아담과 자기에게 권하는 섹스가 진짜 사랑 없는 섹스다.

"가서 다른 사람 꼬셔봐.
가까운 바에 가서 낯선 사람이랑 섹스를 해봐.
나도 가서 아무하고나 섹스해야겠다."

둘은 모두 실패한다. 아담은 데이트하면서 엠마에게 사랑한다고 고백하고 엠마는 동생한테 아담 생각을 멈출 수 없다고 고백한다. 둘은 사랑 없는 섹스 계약을 깬다.

그러나 사랑 없는 섹스는 비가역적 대세다. 앞으로 늘면 늘지 줄지 않는다. 병원 동료 쉬라가 엠마에게 크리스마스 파티에서 사랑 없는 섹스를 하자고 말한다.

"우리 오늘 섹스하는 거 맞지?

우린 헤픈 년들이야, 엠마!

우린 더러운 창녀라고!"

'인민을 위해
복무하라'

∞

〈인민을 위해 복무하라〉는 제목이 왜 저러나 싶었다. 알고 보니 마오쩌둥이 한 말이다. 중국 문학가 옌롄커의 동명 소설을 영화로 옮겼다. 소설은 마오쩌둥 사상을 모욕했다고 금서가 되었다. 영화를 보면 금서가 된 이유를 짐작할 수 있다. 〈사모를 위해 복무하라〉가 진짜 제목이라는 생각이 든다.

불현듯 〈감각의 제국〉이 떠올랐다. 수수께끼가 풀렸다. 〈감각의

───── 인민을 위해 복무하라 SERVE THE PEOPLE, 2021 ─────

감독: 장철수 **출연:** 연우진, 지안, 조성하 외

제국〉이 동전의 앞면이라면 〈천황의 제국〉이 뒷면일 수 있다. 〈인민을 위해 복무하라〉가 동전의 앞면이라면 〈사모를 위해 복무하라〉가 뒷면일 수 있다. 두 영화는 같은 말을 하고 있다.

신무광은 피철진 사단장의 취사병이 되어 승진할 기회를 얻는다. 무광은 사단장이 출장 간 사이에 젊은 아내 류수련과 한 달 동안 위험한 섹스를 즐긴다. 사단장은 무광에게 '인민을 위해 복무하라'라는 나무 팻말을 건네며 목숨보다 소중히 하고 수련이 있는 위층에는 한 발짝도 내딛지 말라고 명령한다. 사단장은 전쟁 때 탄환이 사타구니를 관통해 성 능력을 잃었다.

수련은 반대로 명령한다. "앞으로 이 팻말이 원래 있던 자리에서 벗어나 있거든 내가 볼일 있어서 찾는다는 뜻이니 위층으로 올라오도록 해." 무광은 수련의 명령을 거부했다가 승진은커녕 강제로 전역당할 위기에 처한다. 무광이 수련에게 무릎 꿇고 인민을 위해 복무할 기회를 한 번만 다시 달라고 애원한다.

"인민을 위해 어떻게 복무하겠다는 거지?"

"누님이 시키시는 대로 다 하겠습니다."

"인민을 위해 복무해야지.
어서 벗어!"

사단 전체가 긴급 출동 훈련을 떠나자 수련과 무광은 사흘 동안 옷 한 번 입지 않고 섹스에 몰두한다. 수련은 무광이 승진 약속을 믿지 못하자 주석의 초상화, 어록, 선집 등 집 안에 있는 존엄 물건들을 산산이 부수고 찢는다. 무광도 함께 부수고 찢는다. 〈인민을 위해 복무하라〉의 명장면이다.

난장판이 된 집 안은 다음 날 사단장이 돌아와 정리한다. 무광은 승진하고 수련은 애를 낳는다.

〈인민을 위해 복무하라〉에서 수련이 나무 팻말을 떨어트리려 하는 모습

이성 감옥의 탈출구는
섹스

∞

"드디어 그는 네 갈래로 찢겼다. 이 마지막 작업은 시간이 꽤 많이 걸렸

다. 네 마리 대신 여섯 마리의 말을 동원하지 않으면 안 되었다. 그러나

그것도 불충분해서 죄수의 넓적다리를 잘라내기 위해 근육을 자르고

관절을 여러 토막으로 절단해야 했다."

－『감시와 처벌』 24쪽

프랑스 철학자 미셸 푸코(M. Foucault)의 대표작 『감시와 처벌』은

1757년 루이 15세를 살해하려다가 실패한 로베르 프랑수아 다미

엥(R. Damiens)의 처형을 보도한 신문 기사로 시작한다. 공개 처형은 18세기 후반 사법 제도 개혁 후 감옥 금고와 강제노역형으로 바뀐다.

푸코는 감옥에서 감시와 강제노역의 처벌이 인도적이기는커녕 권력자가 사람의 몸을 효율적으로 통제해 권력을 유지·강화하는 수단이라고 말한다. 『감시와 처벌』에는 부제 '감옥의 역사'가 붙어 있다.

푸코는 19세기에 정신 병원이 생겨난 이유도 비슷하다고 말한다. 정신 병원은 정상이라 불리는 사람들이 권력을 유지·강화하고자 자기들과 다른 사람들을 비정상으로 낙인찍어 격리하려고 생겨났다. 감옥과 정신 병원뿐 아니라 군대와 학교의 시간표와 규율, 공장의 분업 체계, 법과 관습도 권력자가 권력을 유지·강화하고자 만들어낸 감시와 처벌의 체계다.

국가인권위원회의 조사에 따르면 우리나라 수도권 시민은 2021년 기준으로 하루 100여 차례 CCTV에 찍히고 있다. 등록되지 않은 사설 CCTV와 차량용 블랙박스까지 더하면 노출의 빈도는 더 높아진다. 세상은 감옥이다. 언제 어디서나 우리 몸은 어느 정도 노출되어 있다. 권력자는 이 정보로 우리 몸을 통제할 수 있다.

수련에겐 사택이 있는 사단 영내가 감옥이다. 수련은 사단장의 명령으로 영내 밖에 나가지 못한다. 집 안에 있는 주석의 초상화, 하사품, 어록, 선집은 수련을 감시하는 CCTV들이다. 무광에게도 사단장이 목숨보다 소중히 하라고 주는 나무 팻말이 사단장의 눈, CCTV다.

남이 나를 감시하고 처벌하면 내가 스스로 감시하고 처벌한다. 푸코가 말하는 진짜 문제다. 군대, 학교, 직장의 시간표와 규율, 법, 관습이 머릿속에 박히고 CCTV가 나를 감시하고 있다는 걸 알면 스스로 감시하고 어기면 처벌한다. 회사에 지각하면 '오늘도 지각이구나' 하고 후회한다. 스스로 처벌하면 후회, 자책, 부끄러움이 따른다. 남이 옥죄는 것도 문제지만 스스로 옥죄는 게 더 문제다.

스스로 감시하는 건 나의 이성이다. 내 이성이 내 생각과 행동을 감시한다. 스스로 만든 감옥에서 탈출하려면 이성을 마비시켜야 한다. 하루 24시간 중 자는 시간 빼면 일하는 시간과 노는 시간이 남는다. 일하는 시간에는 이성이 깨어 있다. 일의 성과는 대개 나의 이성과 남의 이성이 경쟁한 산물이다.

그러니까 이성을 마비시키려면 놀아야 한다. 섹스는 놀이다. 놀이는 감성을 활성화한다. 이성을 마비시키려면 감성을 해방해야 한다. 감성 해방이 탈출구다.

수련은 감옥에서 벗어나지 못할 바에 감옥을 놀이터로 만든다. 무광을 유혹하고 섹스에 눈뜬다. 사단 전체가 긴급 출동 훈련을 하러 가자 아예 집 문을 걸어 잠그고 섹스에 탐닉한다. 집 안 곳곳에서 수련을 감시하고 스스로 감시하게 만드는 CCTV들을 하나만 빼고 모조리 파괴한다.

'인민을 위해 복무하라'라는 나무 팻말이 남았다. 이 팻말마저 부수려는 수련에게 무광이 남겨두라고 말한다. 이 팻말은 사단장의 눈에서 수련의 눈으로 바뀌며 수련과 무광의 감성 해방을 상징한다.

──── 감각의 제국 In The Realm Of The Senses, 1976 ────

감독: 오시마 나기사 **출연:** 후지 타츠야, 마츠다 에이코, 나카지마 아오이 외

이성의 제국 너머,
감각의 제국

∞

〈감각의 제국〉은 1936년 게이샤 아베 사다가 시의원 애인 이시다 기치조를 교살하고 성기를 자른 실화를 재현한다. 오시마 나기사(Oshima Nagisa) 감독이 남녀 배우에게 실제 성행위를 요구했고 영화에 적나라한 장면이 그대로 나와 포르노그래피 논쟁이 일었다.

영화는 '사디즘(Sadism)'이라고 부르는 음란성 가학증을 보여준다. 사디즘은 마르케스 드 사드(M. de Sade)의 이름에서 따왔다. 사드는 프랑스 귀족이자 장교였는데 정규 코스를 밟으면 국왕 친위대에서 승진하고 정치가가 될 수 있었지만 군대를 떠난다.

1764년 돈 많은 파리 고등법원 총재의 딸과 결혼했지만 5개월 만에 방탕과 신성 모독죄로 투옥된다. 1768년 매춘부를 성적으로 학대한 게 탄로 나 투옥되고, 1772년에는 매춘부들에게 최음제를 먹이고 동성애를 하다가 체포된다.

수녀인 처제와 이탈리아로 도주해 인형(人形) 사형 판결을 받는다. 장모가 추적한 끝에 아내와 재회한 뒤 아내와 공범 행각을 벌인다. 1777년부터 12년 동안 감옥살이를 한다. 1789년 프랑스 혁명이 일어나 봉인장이 말소되자 석방된다.

『소돔 120일』은 사드가 1785년 바스티유 감옥에서 초고를 완성한 사드 소설의 백미다. 종이와 펜이 허용되지 않아 얇은 두루마리 종이 앞뒤에 똥으로 글씨를 깨알같이 쓰고 복사본까지 만들었다.

이 소설은 프랑스 혁명 때 바스티유 감옥 습격 과정에서 실종되어 초고도 복사본도 사드의 손에 들어오지 않았다. 그 뒤 사드의 감방에서 발견된 복사본을 어느 가문이 인수해 3대에 걸쳐 소유하다가 20세기 초 독일의 고서 수집가에게 팔린 뒤 1931~1935년에 세 권으로 출간된다.

1936년 도쿄, 요정 사장 기치조는 게이샤 사다와 눈이 맞아 아내를 버리고 다른 요정에 가선 잠도 자지 않고 밥도 먹지 않고 섹스에 몰두한다.

기치조가 섹스하는 도중에 목을 조르면 감각이 치열해진다고 말하자 둘은 서로 번갈아 가며 목을 조른다. 결국 기치조는 사다에게 목 졸려 죽고 만다.

사다는 기치조의 성기를 잘라 품에 넣고 며칠 동안 돌아다니다가 경찰에게 붙잡힌다. 사다는 죽은 기치조의 가슴에 피로 글을 남긴다. "사다와 기치, 우리 둘 영원히."

감각의 제국은 어디 있을까? 이성의 제국 너머에 있다. 그럼 이성의 제국은 어디 있을까? 영화에선 일본군의 행진으로 나타나는 일본 제국주의가 이성의 제국을 상징한다. 일본 제국주의는 광기의 산물처럼 보이겠지만 계몽주의 국가의 연장선상에 있으니까 이성의 제국이다.

계몽주의는 역사가 이성의 힘으로 발전한다고 믿는 근대 사상이자 기독교 신앙에 기초한 중세 봉건 왕정을 무너뜨리고 근대 자본주의 국가를 이룩하는 이념이다. 일본 제국주의는 영국, 프랑스, 미국, 독일의 제국주의와 마찬가지로 아시아와 아프리카에 식민지를 개척한 근대 계몽주의의 일환이다.

기치조는 이발소에서 나오는 길에 행진하는 일본군과 만난다. 영화의 배경인 1936년은 일본이 1937년 중일전쟁을 일으키고 난징에서 30여만 명을 죽이는 대학살을 준비하는 막바지 무렵이다. 일장기를 든 부녀자들이 기세등등한 일본군의 행진을 열렬히 응원하는 길 건너편에서 기치조는 고개를 반쯤 숙인 채 외면하며 걷는다.

감각의 제국은 이성의 제국을 외면할 때 열린다. 비록 기치조는 고개를 빳빳이 들지 못하고 비굴하게 숙이지만 점차 고개를 든다. 마치 내 길을 따라 감각의 제국으로 간다고 말하는 듯하다. 〈감각의 제국〉의 명장면이다.

"사다, 난 네가 네 미래를 진지하게 생각해보길 바라."

교장 선생님 말씀이다. 사다는 돈을 벌고자 때때로 교장과 밀회한다. 게이샤 생활을 청산하라는 건 진심이겠지만 딴짓하는 교장으로선 약효가 떨어지는 말씀이다. 교장은 일본 지성을 상징한다. 그러면서도 바람을 피우니 일본 지성의 위선이다.

교장은 발기불능이다. "거긴 어땠어?" 기치조가 묻고 사다가 대답한다. "전혀 반응이 없더라고." 기치조와 사다는 함께 깔깔 웃으며 일본 지성의 위선을 조롱한다.

"갑자기 당신 생각이 나서
히스테리를 부렸어.
때려달라고 했거든."

사다가 교장을 만나고 돌아와 기치조와 섹스하는 도중에 말한다. 기치조가 말한다.

<감각의 제국>에서 사다가 기치조의 목을 조르는 모습

"때려줘, 찰싹!"

"더 세게, 찰싹!"

"더! 더! 더! 더! 찰싹! 찰싹! 찰싹! 찰싹!"

사디즘이다. 사디즘은 '마조히즘(Masochism)'이라고 부르는 음란성 피학증과 짝을 이룬다. 사다는 때리면서 쾌감을 얻고 기치조는 맞으면서 쾌감을 얻는다. 기치조가 사다의 목을 소심하게 조르자 반대로 사다가 기치조의 목을 콱 조른다. 사다가 쾌감을 표현한다. "네 물건이 방금 내 안에서 획 움직였어. 계속 씰룩거리고 있어."

시시한 사회 규칙에 반해
철저하게

∞

『소돔 120일』의 줄거리는 다음과 같다. 네 명의 탕아, 즉 귀족, 성직자, 판사, 재력가가 부인, 소년, 소녀, 남색가, 노파, 요리사, 하인 등 절대복종하는 마흔두 명을 거느리고 인적이 닿지 않는 어느 성에 칩거하며 방탕 학교를 연다. 사람의 온갖 성욕에 관한 이야기와 실습이 이어진다. 처음엔 에로틱한 실습이지만 갈수록 도살장 같은 고문이 더해진다. 마지막엔 탕아 네 명을 포함해 열두 명만 살아남는다.

"하느님은 개새끼! 제 엉덩이를 원하십니까? 자 똥을 드리지요."

—『소돔 120일』 하권 140쪽

"이 남자의 첫 번째 정열은 젖가슴 살과 엉덩이를 성냥불로 조금씩 태우는 것이며."

—『소돔 120일』 하권 288쪽

"6주 뒤였습니다. 게랭 부인은 제 언니에게 씻는 것을 금지하고 가능한 한 가장 더럽고 불결한 상태를 유지할 것을 요구했습니다. 그는 (언니가 몸을 씻어) 더러워진 포도주를 맛보았습니다."

—『소돔 120일』 상권 186쪽

"그들은 이어 알린느의 남은 손가락과 발가락을 모두 절단한다."

–『소돔 120일』하권 292쪽

사디즘의 핵심은 학대하면서 쾌감을 느끼는 게 아니라 규칙을 정하고 어기면 처벌하는 것이다.

규칙은 '언니에게 씻는 것을 금지하는 것' 따위다. 처벌은 '젖가슴 살과 엉덩이를 성냥불로 조금씩 태우는 것' '남은 손가락과 발가락을 모두 절단하는 것' 등이다.

〈감각의 제국〉도 사디즘의 핵심인 규칙과 처벌을 보여준다.

"졸라 줄까?"

"세게 당겨, 더 세게!"

그러나 기치조가 갑자기 두 손으로 자기 목을 조르는 줄을 풀자 사다가 말한다.

"정말 기분 좋기 시작했는데. 묶어야겠다. 손 쥐."

"네가 반항하면 더 세게 조를 거야."

목을 조를 때 반항하지 않는 게 규칙이다. 팔목을 묶고 더 세게 조르는 게 처벌이다. 목을 조를 때 반항하지 않는다는 규칙은 어떻게 보면 참 시시하다. 설마 죽을 때까지 목을 조를까 생각해보면 없어도 되는 규칙이다.

그러나 사드가 말하고 싶은 건 사디즘의 규칙이 시시하다는 게 아니라 사회의 규칙이 시시하다는 거다.

사회는 이성의 이름으로 규칙을 정하고 어기면 처벌한다. 이성의 규칙이니까 누구나 동의할 만한 권위를 가진 듯 보인다. 그러나 사드가 보기에 이성의 규칙은 "하느님은 개새끼!"라고 할 만큼 썩은 종교의 권위에 못지않게 부당하다.

사디즘은 섹스의 시시한 규칙을 정하고 어기면 엄하게 처벌한다. 처음엔 젖가슴 살과 엉덩이를 성냥불로 조금씩 태우는 수준이지만 나중엔 남은 손가락과 발가락을 모두 절단하고 피를 흘리며 죽게 만든다.

사회가 이성의 이름으로 시시한 규칙을 정하고 엄하게 처벌하는 걸 막장 드라마로 패러디해 보여주는 게 사드의 사디즘이다.

사디즘은 독일 철학자 테오도어 아도르노(T. Adorno)에 따르면 계몽의 극단이다. 계몽은 신화의 반대말이다. 신화는 신성에 대한 믿음이고 계몽은 이성에 대한 믿음이다.

계몽주의 사회, 곧 자본주의 사회는 신성에 대한 중세의 믿음을 이성에 대한 근대의 믿음으로 바꾼다.

그러나 이성에 대한 믿음도 빈부 격차의 심화부터 환경 오염, 기아, 전쟁, 기후 위기, 팬데믹까지 심각한 부작용을 드러낸다. 아도르노는 이성에 대한 믿음, 곧 계몽이 신화를 깨면서 나왔지만 도리어 눈먼 믿음, 또 다른 신화가 되었다고 비판한다.

노골적인
섹스 영화가 아니다

∞

〈감각의 제국〉은 섹스만 노골적으로 보여주는 영화가 아니다. 사디즘의 정신에 맞게 사회 냉소도 빠트리지 않는다.

교장이 딴짓하는 주제에 더는 섹스할 수 없자 사다의 장래를 걱정하는 모습, 그리고 이 모습을 비웃는 사다와 기치조의 대화는 이성의 가면을 쓴 위선자들을 냉소한다.

기치조가 고개를 숙이고 일본군의 행진을 외면하다가 점차 고개를 드는 건 이성의 제국이 보여주는 시시한 규칙과 엄격한 처벌에 대한 저항이다.

〈인민을 위해 복무하라〉도 섹스만 노골적으로 보여주는 영화가 아니다.

사단장은 1976년 판문점 도끼 만행 사건을 지휘한 인물로 나온다. 판문점 인근 공동경비구역에서 북한군 30여 명이 미루나무 가

지치기 작업을 감독하던 주한 미군 장교 두 명을 살해한 사건이다. 하마터면 전쟁이 일어날 뻔했다.

무광은 장마당에 가면서 긴급 출동 훈련에 나선 사단 군인들이 탱크와 함께 행진하는 모습을 본다. 실은 판문점 도끼 만행 사건에 동원된 군인 행렬이다. 또 어린이 10여 명이 "미 제국주의를 타도하라."라며 붉은 깃발을 들고 시위하는 모습도 본다.

〈감각의 제국〉에서 기치조가 일본군이 행진하며 일장기를 든 부녀자들의 응원을 받는 모습을 보는 것과 오버랩되는 장면이다.

기치조는 일본군을 외면하고 점차 고개를 들며 사다가 있는 감각의 제국으로 간다. 무광은 사단 행렬에 참여하지 않고 수련이 있는 감성 해방구로 간다.

감각의 제국과 감성 해방구는 군인의 행진이 상징하는 이성의 제국을 외면하고 넘어설 때 열린다. 〈인민을 위해 복무하라〉와 〈감각의 제국〉은 같은 말을 하고 있다.

사랑과 섹스는 결핍일까 생산일까

〈첫 키스만 50번째〉

〈첫 키스만 50번째〉에서 루시 위트모어가 아침에 눈을 떴을 때 보트 밖으로 알래스카의 멋진 풍경이 보인다. 그리고 〈오버 더 레인보우〉가 배경 음악으로 흐른다.

〈오버 더 레인보우〉는 뮤지컬 영화 〈오즈의 마법사〉에 삽입된 노래다. 주인공 도로시 게일 역을 맡은 배우 주디 갈랜드(Judy Garland)가 불렀다.

〈첫 키스만 50번째〉에서 〈오버 더 레인보우〉는 '이즈라엘 "이즈" 카마카위올레(Israel "IZ" Kamakawiwo'ole)'가 부른다. 이즈(IZ)는 고유명사화되어 있다.

이즈는 하와이 원주민이자 하와이 독립운동가다. 전설적인 가수

첫 키스만 50번째 50 First Dates, 2004
감독: 피터 시걸 출연: 아담 샌들러, 드류 베리모어 외

이기도 하다. 188cm의 키에 몸무게가 340kg이 넘는 거구였지만 우쿨렐레 연주에만 맞춰 아주 가는 목소리로 노래했다.

이즈는 부신피질 호르몬 이상으로 체중이 전혀 줄지 않는 지병을 앓았고 결국 고도비만에 의한 호흡 곤란으로 서른여덟 살에 사망했다. 1만 명이 넘는 인파가 모여 화장한 유골을 바다에 뿌리는 하와이 전통 방식으로 장례식을 치렀고, 하와이 주정부는 민간인을 위해 최초로 조기를 게양하며 그를 기렸다.

"매일 밤 잠이 들면
그날 기억은 지워져"

∞

헨리 로스는 하와이 오아후섬에 있는 수족관의 수의사다. 헨리는 여성들과 진지한 관계를 맺으려 하지 않는다.

어느 날 헨리는 보트가 고장 나는 바람에 후킬라우 카페에 들러와 플로 인디언 텐트를 만들며 노는 루시를 본다. 다음 날 헨리는 카페에 들러 루시와 죽이 맞고 그다음 날 아침에 다시 만나기로 약속한다. 그러나 다음 날 헨리가 아는 척하자 루시가 쏜다. "변태씨, 그만 비켜주시죠."

카페 주인 수가 헨리를 밖으로 데리고 나가 말한다. "1년 전 끔찍한 교통사고가 있었어. 루시는 심각한 뇌 손상을 입었지. 단기 기억 상실증이야. 사고 전날 밤까지의 일은 모두 기억해. 그런데 매일 밤 잠이 들면 그날 기억은 지워져."

헨리는 수의 경고에도 다시 카페에 가 루시와 만나려 시도한다. 몇 차례 퇴짜를 맞다가 성공한다. 그러나 루시 아빠가 루시를 그대로 놔두고 카페에 가지 말아 달라고 부탁한다.

헨리는 카페에 가지 않겠다는 약속을 지키는 대신 루시가 카페로 가는 길목에서 루시와 만나려 시도한다. 어느 날 카페에서 루시가 경찰이 번호판 유효 기간이 지났다며 딱지를 떼는 모습을 보고 날짜가 지났다는 걸 안다.

아빠가 루시에게 앨범을 보여준다. 사고 보도 기사, 피떡이 된 루시가 병원에 있는 모습 등이 실려 있다. 헨리는 루시에게 앨범을 보여주는 방법이 좋지 않다고 생각해 코믹 비디오테이프를 만들어 보여준다.

"첫 키스가 최고예요."

밤바다에서 둘이 껴안는다.

"첫 키스만큼 좋은 건 없어요."

등대에서 둘이 껴안는다.

"첫 키스가 최고예요."

드넓은 들판에서 둘이 껴안는다.

어느 날 아침 헨리와 같은 침대에서 깬 루시가 비명을 지르고 사진 액자, 붓 통을 헨리에게 집어 던진다. 헨리는 루시가 휘두른 라켓에 맞고 쓰러진다.

헨리가 일하는 수족관에 루시가 나타난다. "내가 힘든 이유는 당신과 헤어지러 왔기 때문이에요."

〈첫 키스만 50번째〉에서 루시의 화실에 걸려 있는 헨리 그림들

씨 서펀트호, 헨리가 보트를 말끔하게 새로 단장하고 해마를 관찰하러 알래스카로 떠나려 한다. 루시의 아빠와 오빠가 스팸 박스를 들고 환송하러 온다. 루시가 연구소로 들어가 미술을 가르치며 매일 그림을 그린다고 전한다.

헨리는 루시가 자기를 만난 날 즐겨 부른 비치 보이스의 노래를 듣다가 루시가 자기를 기억할지도 모른다고 생각하며 보트를 돌린다. 그러나 루시는 여전히 헨리를 몰라본다.

실망한 헨리에게 루시가 보여줄 게 있다며 작업실로 데려간다. 헨리 그림들이 많이 걸려 있다. 〈첫 키스만 50번째〉의 명장면이다.

"난 당신이 누군지 몰라요, 헨리.
근데 매일 밤 당신 꿈을 꿔요."

루시가 일어난다. '굿모닝 루시'라고 적힌 비디오테이프가 있다. 튼다. 자동차 사고 신문 기사가 나오고 루시와 헨리의 결혼 장면도 나온다. 루시가 왼손 약지를 보니 결혼반지를 끼고 있다.

헨리가 말한다.

"밖이 몹시 추우니까 외투 걸치고 나와서 같이 아침 먹어요.
사랑해."

루시가 창밖을 보곤 눈이 휘둥그레지며 놀란다. 알래스카에 있는 헨리의 보트 안이다. 루시가 갑판으로 올라온다. 아빠는 낚시하고 있다.

"안녕, 여보?
당신 딸 볼래요?
엄마한테 인사해야지."

"안녕, 엄마."

"세상에!"

루시가 딸을 들어 올려 꼭 껴안는다. 루시가 울며 웃는다.

욕망은 없는 것에 대해
없기 때문에 생긴다

∞

사랑과 섹스는 감정과 행동으로 나타나지만 감정과 행동의 뿌리
는 욕망이다. 따라서 욕망이 무엇인지 이해하는 게 사랑과 섹스를
보는 눈도 밝혀준다.

'욕망은 결핍'이라는 견해가 철학의 전통적인 견해다. 그러나 새
견해가 나타났다. '욕망은 생산'이라는 견해다. 〈첫 키스만 50번째〉
에선 욕망에 대한 전통적인 견해와 새로운 견해를 모두 볼 수 있다.

플라톤이 쓴 대화편, 『향연』에서 소크라테스가 사랑에 관해 말한
다. 뭔가를 사랑하는 건 그 대상을 원하는 것이고 그 대상을 원하는
건 그 대상이 부족하다는 뜻이라고.

소크라테스의 말은 "없는 걸 원한다."로 줄일 수 있다. 소크라테스
와 플라톤 덕분에 서양 철학에서 원함, 욕망의 본질은 결핍이라는
전통 견해가 성립한다.

욕망은 없는 걸 없기 때문에 원하는 것이다. 욕망은 결핍이 대상
이고 이유다.

왜 헨리가 루시를 원할까? 헨리는 루시 이전에도 많은 여성 관광
객을 원했다. 헨리는 여성에 코를 꿰지 않으려고 하와이에 사는 여
성을 원하지 않는다. 이때 헨리에게 없는 건 섹스 파트너다.

헨리는 루시를 본 첫날, 첫눈에 반하지만 루시가 하와이 거주 여

성인 걸 알고 접근하지 않는다.

그러나 다음 날 헨리는 위험을 무릅쓰고 루시에게 접근한다. 헨리가 수족관 조수 알렉사에게 말하듯이 "너무 귀엽다"라는 게 이유인 듯하다.

그렇다면 헨리에게 없는 건 첫눈에 반할 만큼 귀여운 매력을 가진 여성이다. 그래서 헨리는 루시를 원한다.

욕망이 없는 것에 대해 생기더라도 없다는 건 상대 평가 항목이다. 부자가 돈이 많아도 더 많이 가지고 싶은 까닭은 부가 상대 평가 항목이기 때문이다. 1조 원을 가져도 2조 원을 가진 사람이 부럽고 10조 원을 가져도 전 세계 1등 부자가 부럽다.

그래서 단기 기억 '1일 걸' 루시는 '10초 맨' 톰을 보고 '난 괜찮아.'라고 생각하지 않는다.

톰의 단기 기억 지속 시간은 10초다. "안녕, 톰이에요." "헨리예요." "마린." "난 더그." "루시예요." 톰이 헨리와 루시의 가족과 악수하고 인사를 나누며 10초가 지나자 다시 헨리를 보며 말한다. "안녕, 톰이에요." "헨리요." "마린."

루시에게 없는 건 오늘 이후의 장기 기억이다. 루시의 장기 기억은 루시도 아빠도 오빠도 헨리도 다 원한다. 욕망은 없는 것에 대해 없기 때문에 생긴다.

욕망은
생산하는 힘이다

∞

프랑스에선 길에서 키스해도 경찰이 호루라기를 불지 않는다. 동거와 피임 기구의 판매가 자유롭고 간통죄가 폐지되었으며 인공 유산을 허용하는 법이 생겼다. 노동자의 경영 참여가 허용된다. 대학교에서 학생이 교수에게 존댓말을 쓰지 않는다.

프랑스에서 이 모든 일은 1968년 5월 혁명 덕분에 가능했다. 5월 혁명은 드골 대통령의 교육 정책에 항의하는 대학생들의 시위로 시작했지만 노동자들의 파업으로 확대되었다. 학생과 노동자는 더 많은 경제 수입을 넘어 더 나은 삶의 질을 요구했다.

5월 혁명은 드골 정부와 프랑스 공산당이 결탁하면서 실패로 끝났지만 유럽 사회에 큰 변화를 남겼다. 환경 운동, 여성 운동, 반핵 운동, 동물 보호 운동 등 다양한 사회 운동이 나타나기 시작했다.

프랑스 철학자 질 들뢰즈(G. Deleuze)와 펠릭스 가타리(F. Guattari)는 1968년 5월 혁명을 다양한 욕망, 상상, 쾌락이 만개한 페스티벌로 본다. 그리고 욕망의 본질이 결핍이라는 전통 견해를 뒤집는다. 들뢰즈와 가타리는 욕망을 생산으로 보는 새 눈을 뜨게 했다.

욕망은 결핍으로 보면 부정적인 게 된다. 음식을 먹고 싶은 욕망이 배부름의 결핍 때문에 생긴다고 보면 채워서 없애야 할 부정적인 게 된다. 그러나 욕망을 생산으로 보면 긍정적인 게 된다. 음식에 대

〈첫 키스만 50번째〉에서 헨리가 첫눈에 반한 루시의 모습

한 욕망은 어떤 방식으로든 먹을 음식을 생산하는 힘을 지닌 긍정적인 게 된다. 들뢰즈와 가타리에 따르면 욕망은 생산하는 힘이다.

헨리는 카페에 가 루시와 함께 식사하려고 시도한다. 헨리는 루시가 와플로 만든 집에 이쑤시개를 경첩으로 꽂아 문을 만들어준다. "남의 음식 주무르는 나라에서 왔나요?" 퇴짜. 다음 날엔 휴지에 그림을 그려 루시의 관심을 끌려고 한다. 또 퇴짜.

그다음 날엔 헨리가 메뉴를 보다가 우는 연기를 한다. 루시가 다가오자 "까막눈이에요."라며 자책한다. "제 테이블로 오실래요? 같이 식사하면서 글 가르쳐 줄게요." 성공.

루시 아빠가 카페에 가지 말라고 부탁하자 헨리는 카페와 집 사이에서 꾀를 부린다. 헨리는 차가 고장 난 듯 세워두고 루시에게 도움을 청한다. 어느 날엔 교통 통제원 복장으로 루시에게 접근해 말을 건다. "오늘 아침 맛있었어요? 뭐 먹었어요?" "와플." "전 와플로 집 짓는 거 좋아하는데." 루시가 같은 취미라며 반긴다.

헨리가 펭귄 친구 윌리를 길 한 가운데 세워두고 루시가 차를 멈추게 하려고 한다. 또 헨리가 절친 울라에게 맞는 연기를 한다. 헨리가 도움을 요청하자 루시가 알루미늄 야구 배트를 들고나와 울라를 사정없이 팬다.

헨리는 루시를 만나고 싶은 욕망을 채우고자 온갖 방법을 생산한다. 루시를 만나고 싶은 욕망이 이쑤시개 경첩, 휴지 그림, 까막눈 연기, 와플 집짓기 드립, 펭귄 친구 목숨 걸기, 절친에게 강도당하는 연기 등 온갖 방법을 생산한다. 욕망은 생산하는 힘이다.

들뢰즈와 가타리의 눈으로 보면 사랑과 섹스는 생산하는 힘을 가진 욕망이다.

헨리의 욕망은 루시를 만나고 싶은 욕망에 그치지 않는다. 그다음으로 중요한 욕망은 루시에게 되도록 충격을 적게 주면서 사실을 알리는 것이다. 헨리는 코믹 비디오테이프를 만든다. 비디오테이프는 한 번 만들면 주구장창 써먹는 게 아니다. 결혼식 장면도 넣어야 하고, 알래스카에선 두꺼운 옷 입고 나오라는 멘트도 덧붙여야 한다.

그다음 욕망은 루시와 첫 키스만 나누지 않고 첫 섹스를 하는 것이다. 그다음 욕망은 자식을 얻는 것이다. 헨리는 루시와 섹스하고 딸을 얻고 키울 때까지 사랑과 섹스의 욕망을 채우고자 온갖 방법을 생산하고 또 생산할 것이다.

욕망을 채우기 위해
하는 것들

∞

욕망은 환각 체험으로 채울 수도 있다. 헨리가 루시를 만나고 싶은 욕망을 채우고자 찾는 온갖 방법은 현실 체험이다. 그러나 루시가 꾸는 헨리 꿈은 환각 체험이다. 환각 체험은 외부 자극 없이 이미지를 떠올리는 것이다. 꿈이 가장 흔한 환각 체험이다.

『꿈의 해석』을 쓴 프로이트는 꿈의 기능이 욕망의 충족이라고 말한다. 루시가 헨리 꿈을 꾸는 이유는 헨리를 보고 싶은 욕망을 꿈에 나타나는 헨리의 이미지로 채우기 위한 거라고 해석할 수도 있다.

그러나 루시의 헨리 꿈에 대한 이 해석은 프로이트가 보면 부정확하다. 꿈에 나타나는 이미지는 대부분 둔갑한 것이기 때문이다. 헨리의 이미지는 루시 엄마가 둔갑한 이미지일 수 있다. 그렇다면 루시가 진짜 보고 싶은 사람은 헨리가 아니라 엄마다.

그러나 헨리도 다른 사람의 이미지로 둔갑해 루시의 꿈에 나타날 수 있다. 루시가 헨리를 본 경험은 의식 속엔 1일밖에 남아 있지 않지만 무의식 속엔 오랫동안 저장되어 있을 수 있다.

꿈은 무의식에서 튀어나온 이미지들이다. 루시의 헨리 꿈은 누군가 보고 싶은 욕망을 충족해주는 기능이 있다. 루시가 헨리를 보고 싶은 욕망도 꿈으로 나타날 수 있다.

사람은 욕망을 채우고자 뭔가 생산한다. 루시의 헨리 꿈이 루시의 어떤 욕망을 채우는 건지는 정신분석학자가 해석해야 한다. 그러나 루시가 욕망을 채우고자 환각 체험도 생산한다는 점이 중요하다.

욕망을 충족하는 수단이 반드시 현실 체험일 필요는 없다. 남자친구, 여자친구와 영화를 보는 사람은 사랑을 나누고 싶은 욕망을 채운다. 컴퓨터나 스마트폰으로 게임하는 사람은 폭력을 행사하고 싶은 욕망을 채운다. 영화관, 컴퓨터, 스마트폰은 욕망을 채우는 현실 수단이지만 영화 보기, 게임하기는 환각 체험이다. 영화나 게임에 빠지면 꿈꾸는 것처럼 현실을 잊는다.

루시가 꿈으로 욕망을 채우고 사람들이 영화 보기와 게임하기로 욕망을 채우는 건 우리가 욕망을 채우고자 환각 체험까지 생산한다는 걸 보여준다. 사랑도 섹스도 욕망에서 비롯한다. 사람은 사랑과 섹스의 욕망을 채우고자 꿈까지 동원한다. 욕망은 생산력이 강하다.

3부

영화도 철학도
재밌을 때
가장 가치 있다

시간과 공간조차 잊게 하는 절대 재미

〈어벤져스: 인피니티 워〉
〈어벤져스: 엔드게임〉

"난 항상 존이 날 볼 수 있다고 느껴요.

그건 꿈과 같아요.

나와 존 사이엔 아무것도 없어요."

1964년 비틀즈가 미국의 유명 TV 프로그램 〈에드 설리번 쇼〉에 출연했을 때 열렬하게 소리 지른 한 소녀팬의 말이다. 소녀팬은 존 레논만 본다. 접신 체험이다.

〈어벤져스: 인피니티 워〉는 접신 체험의 연속이다. 미국 메이저리 그 올스타전은 리그당 서른세 명씩 선수단을 꾸린다. 〈어벤져스: 인 피니티 워〉도 올스타전의 한 팀을 꾸릴 만큼 주연급 스타들이 대거

───── 어벤져스: 인피니티 워 Avengers: Infinity War, 2018 ─────

감독: 루소 형제 **출연:** 로버트 다우니 주니어, 크리스 헴스워스, 크리스 에반스 외

출연한다.

스타들이 너무 많아 존만 볼 틈이 없다. 존만 보여주지도 않는다. 비엔나 소시지처럼 줄줄이 접신 체험이다. 재미없을 수 없다.

2018년, 헐크는 아이언맨에게 외계인 타노스가 별들을 옮겨 다니며 인구의 절반을 학살하는 것도 모자라 이미 파워 스톤과 스페이스 스톤을 손에 넣었다고 말한다. 두 스톤은 빅뱅으로 우주가 탄생할 때 생긴 인피니티 스톤이다.

뉴욕시가 흔들리고 큰 도넛처럼 생긴 우주선이 나타난다. 타노스의 부하 에보니 모는 타임 스톤을 가진 닥터 스트레인지를 목 졸라 기절시켜 도넛 우주선으로 데리고 간다. 아이언맨과 스파이더맨이 우주선에 잠입한다.

슈퍼 히어로 팀 가디언즈 오브 갤럭시의 우주선 유리창에 토르가 부딪힌다. 타노스의 양녀인 가모라는 타노스가 여섯 개의 스톤을 모두 모으면 손가락을 한 번 튕겨 우주 인구의 절반을 재로 만들 수 있다고 말한다.

토르는 타노스의 다음 목표가 노웨어 별에서 수집광 콜렉터가 가지고 있는 리얼리티 스톤이라고 알려준다. 노웨어에 도착한 가모라는 타노스의 목을 칼로 찔러 죽인다.

그러나 이미 콜렉터에게서 리얼리티 스톤을 빼앗은 타노스가 현실 조작 능력으로 보여준 헛것이었다. 타노스는 가모라를 붙잡아 스페이스 스톤을 이용해 소울 스톤이 있는 보르미르 별로 향한다.

안내자는 소울 스톤을 얻으려면 사랑하는 걸 내놓아야 한다고 말한다. 가모라는 타노스에게 사랑하는 게 있을 리 없다고 비웃지만 타노스는 돌아서서 조용히 눈물을 흘린다.

양녀 가모라를 진심으로 사랑하는 타노스는 운명을 거스를 수 없다며 딸을 절벽 밑으로 던진다. 타노스는 소울 스톤을 얻는다. 두 개 남았다.

아프리카 와칸다에서 캡틴 아메리카, 블랙 위도우, 헐크, 가디언즈, 토르가 블랙 팬서의 와칸다 군대와 함께 타노스의 괴물 부대에 맞서 혈투를 벌인다.

〈어벤져스: 인피니티 워〉에서 캡틴 아메리카를 선두로
어벤져들과 블랙 팬서의 와칸다 군대가 질주하는 모습

타노스는 고향 타이탄 별에서 닥터 스트레인지를 만나 인구론을
강의한다. 그는 생명체 증가와 자원 고갈을 해결하고자 우주 전체에
서 생명체 절반을 없앤 뒤, 은퇴해 떠오르는 태양을 보며 편히 쉬겠
다고 말한다.

그때 아이언맨과 스파이더맨이 타노스를 기습하지만 역부족. 타
노스는 아이언맨의 목숨으로 닥터 스트레인지를 협박해 타임 스톤
을 얻어 사라진다. 한 개 남았다.

아이언맨이 왜 줬냐고 나무라자 닥터 스트레인지가 말한다. "우린
이제 엔드게임에 들어섰다." 닥터 스트레인지는 타임 스톤을 이용해
타노스와 싸우는 1,400만 605가지 미래를 봤는데 승리하는 미래는
하나뿐이었다고 말한 적이 있다.

인피니티 스톤의
우주생성론

◌◌◌

우주는 어떻게 생겨났을까?

현대 과학에선 '우주생성론(cosmogony)'이 다루는 문제다. 철학도 고대부터 '형이상학'으로 이 문제를 다뤘다.

> "우주의 탄생 이전엔
>
> 아무것도 존재하지 않았다.
>
> 그리고 펑!
>
> 빅뱅과 함께
>
> 여섯 개의 원소 크리스털이 생겨나
>
> 갓 태어난 우주 곳곳으로 퍼져나갔다.
>
> 이 인피니티 스톤들은
>
> 각각 존재의 본질적 측면들을 관장하지."

> "스페이스, 리얼리티, 파워, 소울, 마인드 그리고 타임."

닥터 스트레인지와 마법사 웡이 아이언맨에게 우주생성론을 설명한다. 원인은 '펑'이라는 빅뱅, 결과는 우주 만물과 더불어 여섯 개의 인피니티 스톤이다.

여섯 개의 인피니티 스톤은 '존재'의 측면들이다. 현대 과학은 빅뱅 이론으로 우주의 탄생을 설명한다.

약 140억 년 전 우주의 질량 전체가 모인 특이점이 대폭발한다. 순식간에 쿼크, 전자, 양전자, 뉴트리노, 광자가 형성되고 우주의 온도가 식으면서 중성자, 양성자, 핵, 원자가 생긴다. 100만 년 뒤에는 초기 은하와 별들이 나타난다.

"태초에 공간이 있었다. 그곳엔 엄청 많은 4원소, 즉 불들, 공기들, 물들, 흙들이 뒤섞여 있었다. 불, 공기, 물, 흙은 어떤 힘을 가지고 있어서 공간이 흔들린다. 그러면 마치 흔들리는 키 위에서 곡물과 쭉정이가 까불리듯 흔들리는 공간 속에서 불, 공기, 물, 흙도 까불린다. 뒤섞여 있던 불, 공기, 물, 흙이 같은 것들끼리 모인다. 그 뒤 데미우르고스(demiurgos)가 형태들을 부여하면 만물이 생긴다."

고대 그리스 철학자 플라톤의 우주생성론이다. 원인은 '공간의 흔들림'이고 결과는 우주에 있는 모든 것이다. 우주 만물은 불, 공기, 물, 흙이라는 4원소와 제작자라는 뜻의 데미우르고스가 부여한 형태의 결합물이다.

〈어벤져스: 인피니티 워〉의 우주생성론은 우주의 탄생과 만물의 생성을 과학에 의존해 설명한다.

그러나 꼽사리로 끼워 넣은 여섯 개의 인피니티 스톤은 철학에 의

존하는 것으로 보인다.

기원전 5세기에 활동한 그리스 철학자 파르메니데스(Parmenides)는 '존재가 무엇이냐'라는 물음을 처음 던졌다.

이 물음에 대답하는 철학 분야가 형이상학 또는 존재론이다. 형이상학은 존재를 탐구하는 일반 형이상학과 우주, 영혼, 신을 탐구하는 특수 형이상학으로 나뉜다.

여섯 개의 인피니티 스톤 중 스페이스 스톤은 우주와 대응한다. 공간, 우주는 다 스페이스다.

소울 스톤과 마인드 스톤은 영혼과 대응한다. 인피니티 스톤은 감정을 의미하는 소울 스톤과 마음의 기능 전체를 의미하는 마인드 스톤을 구별하지만, 철학은 영혼과 정신을 엄밀하게 구별하지 않고 혼용한다. 또 철학에서 '현실'이라고 부르는 'reality'는 '실재'라고도 부른다. 실재는 진짜로 있는 것이기 때문에 일반 형이상학이 다루는 존재와 겹친다.

여섯 개의 인피니티 스톤은 '존재의 본질적 측면들'이다. 여섯 개의 인피니티 스톤 중 적어도 네 개, 스페이스, 소울, 마인드, 리얼리티는 형이상학의 탐구 대상이다.

〈어벤져스: 인피니티 워〉는 형이상학적이다.

〈어벤져스: 인피니티 워〉의
지배, 자유, 개인 세계관

∞

형이상학이 하는 일은 세계관을 만드는 것이다. 존재, 우주, 영혼, 신을 알면 세계 전체가 어떤 것인지 말할 수 있다. 〈어벤져스: 인피니티 워〉가 존재의 본질적 측면들인 여섯 개의 인피니티 스톤으로 보여주는 세계관은 무엇일까?

"너는 절대로 신이 될 수 없어."

장난의 신이자 토르의 동생이며 타노스의 손아귀에 목이 부러져 죽는 로키의 유언이다. 〈어벤져스: 인피니티 워〉의 명장면이다.

워낙 대서사시이고 스토리들의 스토리이지만 〈어벤져스: 인피니티 워〉의 세계관은 한 낱말로 '지배'다. 파워 스톤이 지배를 대변한다. 타노스는 여섯 개의 인피니티 스톤을 모두 얻으면 손가락 튕기기로 세계를 지배할 수 있다. 기독교의 신이 말씀으로 세계를 다스린다면 타노스는 손가락이다. 로키의 유언은 타노스가 세계의 지배자가 될 수 없다는 저주다. 저주는 통한다.

어벤져스는 타노스의 세계 지배에 맞서 세계의 자유를 지킨다. 타노스가 지배의 상징이라면 어벤져스는 자유의 상징이다. 〈어벤져스: 인피니티 워〉의 세계관은 두 낱말로는 '지배, 자유'다. 세계는 타노스가 지배할 수도 있고 어벤져스가 자유를 지킬 수도 있다.

지배와 자유는 세계의 화두일 뿐 아니라 인생의 화두이기도 하다. 지배는 나쁘고 자유는 좋게 보이지만 간단한 문제가 아니다. 돈, 힘, 이름을 얻고자 지배하길 원하는 사람도 있고 지배 받길 원하는 사람도 있다. 소유욕, 권력욕, 명예욕을 채우고자 남을 지배하는 사람도 많고 기꺼이 자유를 포기하고 남에게 복종하는 사람도 많다.

기원전 6세기에 고대 그리스에서 태어난 철학은 인생을 다루기 전에 세계부터 다뤘다. 세계가 어떤지 알아야 인생이 세계에 맞춰 어떠해야 하는지 알 수 있다고 생각했기 때문이다.

기원전 5세기쯤 인생을 처음으로 다룬 철학자들은 '지혜로운 사람'이라는 뜻의 소피스트들이다.

소크라테스가 가장 유명한 소피스트다. 소피스트들은 잘나갔다. 수사와 웅변을 가르치는 고액 과외 교사였기 때문이다. 소크라테스는 일타 강사급인데도 돈을 못 벌어서 악처로 유명한 크산티페에게 구박을 받았다.

"인간은 만물의 척도다."

소크라테스의 선배 소피스트, 프로타고라스(Protagoras)의 말이다. 개인이 모든 걸 재는 자라는 뜻이다. 그만큼 개인의 자유를 보장해야 한다는 뜻이다.

소크라테스를 포함해 소피스트들은 인생이 절대 지배를 받아선 안 되고 자유로워야 한다고 이구동성으로 외쳤다. 프로타고라스는 우리가 지금도 외치는 개인의 자유를 외친 원조다.

개인의 자유는 인류 역사에서 늘 위협받았으니까 늘 외치는 목소리가 있었다. 영화도 이 위협을 외면하지 않는다.

〈어벤져스: 인피니티 워〉의 세계관은 세 낱말로는 '지배, 자유, 개인'이다. 세계는 타노스가 지배할 수도 있고 어벤져스가 세계와 개인의 자유를 지킬 수도 있다.

인간은
상상과 공감의 동물이다

∞

타노스가 닥터 스트레인지에게서 타임 스톤을 빼앗은 뒤 스페이스 스톤으로 와칸다 전투 현장에 나타난다. 헐크, 캡틴 아메리카, 블랙 팬서, 블랙 위도우가 차례로 타노스에게 나가떨어진다.

비전이 스칼렛 위치에게 마인드 스톤을 파괴해 달라고 애원한다. 스칼렛 위치가 울면서 염력 빔으로 마인드 스톤을 파괴해 비전을 죽인다. 하지만 타노스가 타임 스톤으로 비전을 되살려 이마에서 마인드 스톤을 뜯어낸다.

토르의 새 무기 스톰브레이커가 타노스의 가슴에 박힌다. 타노스가 "내 목부터 쳤어야지! 난 필연적 존재다."라며 손가락을 튕긴다. 블랙 팬서, 스칼렛 위치, 가디언즈, 스파이더맨 등이 재로 변한다.

눈을 떼기 어렵다. 재밌는 영화는 시간이 금방 지나간다. 시간을 생각할 틈이 없기 때문이다. 영화에 집중하고 몰입하면 다른 생각을 할 수 없다. 재미는 집중과 몰입의 정도에 달려 있다. 스크린에서 우리 눈에 오는 빛은 시간을 잊게 하는 타임 스톤이 될 수 있다.

독일 철학자 이마누엘 칸트(I. Kant)는 아름다움을 아무 이해관계 없는 만족이라고 정의한다. "뷰티풀!" 우리가 어떤 사람이나 사물이나 자연을 보고 이렇게 감탄할 때 그 사람이나 사물이나 자연이 우리에게 돈을 주진 않는다. 어떤 여성이 멋진 남성을 보고 "뷰티풀!"이라고 감탄하면 그 남성과 데이트하고 싶다는 사심이 작동한다. 그러나 감탄하는 순간만큼은 사심이 작동할 틈이 없다. 그래서 아름다움은 아무 이해관계도 개입하지 않는 만족이다.

재미도 아무 이해관계 없는 만족이다. 재밌는 영화에 집중하고 몰입할 때 관람료를 생각하는 사람은 없다. 내 시간 아깝고 내 돈 아까운 건 재미없는 영화를 볼 때다. 집중하고 몰입할 수 없으니까 딴생각이 난다.

칸트는 상상력이 작동해야 아름답다는 감정이 생긴다고 말한다. 타노스가 와칸다 전투 현장에 나타날 때 우리는 아주 짧게나마 타노스의 파괴 행위를 상상하고 살벌함을 느낀다. 비전이 스칼렛 위치에게 애원하고 스칼렛 위치가 눈물을 흘리며 비전을 죽일 때 우리는 그들의 사랑과 슬픔을 상상하고 공감한다. 타노스가 손가락을 튕길 때 우리는 앞으로 일어날 재앙을 상상하고 공포를 느낀다. 블랙 팬서, 스칼렛 위치, 가디언즈, 스파이더맨이 재로 변할 때 우리는 죽음을 맞는 이들의 두려움과 슬픔, 죽음을 바라보는 이들의 절망과 고통을 상상하고 공감한다.

살벌함, 사랑, 두려움, 슬픔, 공포, 절망, 고통은 모두 감정이고 아름답다는 감정과 마찬가지로 상상력이 작동해야 생긴다. 특히 비전이 사랑을 느낄 때 우리도 사랑을 느끼고 스칼렛 위치가 슬픔을 느낄 때 우리도 슬픔을 느끼며 전사들이 재로 변할 때 두려움, 슬픔, 절망, 고통을 똑같이 느끼는 건 '공감(sympathy)'이다.

공감은 남의 감정을 똑같이 느끼는 것이다. 인간은 상상과 공감의 동물이다. 상상과 공감의 능력이 없으면 재미도 느낄 수 없다. 영화관은 상상 연습장, 공감 연습장이다.

조금씩 시드는 시간을
잊지 않겠다고

∞

'토니 스타크에게 따뜻한 마음이 있다는 증거'

아이언맨 '토니 스타크'의 아내 페퍼 포츠가 딸 모건 스타크와 함

———————— 어벤져스: 엔드게임 Avengers: Endgame, 2019 ————————
감독: 루소 형제 **출연:** 로버트 다우니 주니어, 크리스 헴스워스, 크리스 에반스 외

께 토니의 장례식에서 그의 첫 아크 리액터를 화환에 실어 강물에 띄워 보낸다. 아크 리액터는 아이언맨의 막대한 전력을 생산하는 장치다. 캡틴 아메리카, 스파이더맨, 토르, 헐크, 닥터 스트레인지, 웡, 가디언즈, 네뷸라, 앤트맨, 블랙 팬서, 스칼렛 위치, 호크아이, 캡틴 마블, 실드 국장 닉 퓨리까지 모두 모여 애도한다.

기념일은 잊지 않겠다고 다짐하는 날이다. 광복절은 조국 독립을 위해 피 흘린 선열들을 잊지 않겠다고 다짐하는 날이다. 만난 지 100일 기념일은 사랑의 시작을 잊지 않겠다고 다짐하는 날이다. 시간이 흐르면 조금씩 잊으니까 잊지 않겠다고 다짐한다.

"시간은 시든다."

　시간은 인류 최초의 문화인 원시 시대의 신화부터 중요한 요소다. 신화는 시간이 흐르면 생물처럼 시든다고 본다. 그래서 시간은 주기적으로 회복할 필요가 있다.

　원시인은 시간을 회복하는 제의를 주기적으로 치른다. 기념일도 시드는 시간을 회복하는 날이다. 아이언맨의 장례일은 아이언맨의 기념일이 되고 아이언맨의 시드는 시간을 주기적으로 회복하는 날이 될 것이다.

　캡틴 마블이 산소 고갈로 죽어가던 아이언맨의 우주선을 어벤져스 본부로 데려온다. 어벤져스는 인류를 되살리고자 타노스의 장갑, 인피니티 건틀렛을 찾으려 한다. 어느 별에서 은퇴한 타노스를 발견하고 토르가 건틀렛을 낀 타노스의 왼손을 잘라냈으나 인피니티 스톤들이 없다. 타노스는 악용을 막고자 인피니티 스톤들을 원자 단위로 분해해 우주에 뿌렸다고 말한다. 토르가 타노스의 목을 친다.

　2023년, 지구에서 인류의 절반이 사라진 지 5년이 지났다. 아직도 황폐하다. 샌프란시스코 어느 창고의 고물 밴에서 쥐가 전원을 건드리자 양자 통로가 열리고 양자 세계에 갇혀 있던 앤트맨이 현실로 돌아온다. 앤드맨의 딸 캐시 랭은 훌쩍 자랐지만 아내 호프 핌은 타노스의 손가락 튕기기로 죽었다.

　앤트맨은 곧 어벤져스 본부로 달려가 캡틴 아메리카와 블랙 위도

〈어벤져스: 엔드게임〉에서 어벤져스가 새로 개발한 나노 슈트를 입고
시간 강탈 작전에 나서는 모습

우에게 양자 통로 시간 여행으로 여섯 개의 인피니티 스톤을 찾아와 인류를 되살리자고 제안한다. '시간 강탈' 작전이다.

아이언맨이 시공간 GPS를 만들어 합류하고 흩어진 동료들, 토르, 호크아이도 가세한다. 어벤져스는 팀을 넷으로 나눠 여섯 개의 인피니티 스톤이 있는 과거 위치로 시간 여행을 가 모두 찾아온다. 블랙위도우가 소울 스톤을 얻고자 호크아이 대신 목숨을 희생한다.

또 타노스의 양녀이자 가모라의 의붓자매 네뷸라가 돌아오지 못한다. 타노스는 네뷸라를 붙잡아 메모리에 접속해 자기가 죽는 미래를 본다. 그리고 현재 네뷸라 대신 2014년의 네뷸라를 첩자로 돌려보낸다.

헐크가 나노 입자로 만든 새 건틀렛을 끼고 극심한 고통을 견디며 손가락을 튕긴다. 인류가 되살아난다. 그때 네뷸라가 양자 통로를 열고 타노스 군단이 들어온다.

어벤져스 본부가 폭격으로 산산이 부서지고 겨우 살아남은 아이언맨, 캡틴 아메리카, 토르가 타노스와 맞선다. 타노스는 이젠 지구의 생명체 절반이 아니라 우주와 인구 전체를 산산조각내고 새 우주를 창조하겠다고 말한다.

세 어벤져가 타노스와 맞서 싸우고 건틀렛을 차지하려는 두 세력의 싸움이 치열하게 벌어진다. 블랙 팬서, 스칼렛 위치, 닥터 스트레인지, 가디언즈, 스파이더맨이 모두 되살아나 전쟁에 합류한다. 그러나 결국 타노스가 건틀렛을 차지한다.

"난, 필연적 존재다."

타노스가 다시 한번 손가락을 튕긴다. 아무 일도 일어나지 않는다. 아이언맨이 건틀렛과 같은 나노 입자로 만든 자기 슈트에 여섯 개의 인피니티 스톤을 빼돌렸다.

"난, 아이언맨이다."

아이언맨이 손가락을 튕긴다. 타노스와 군단이 재로 변한다. 아이언맨도 스톤들의 막대한 에너지로 치명상을 입고 숨을 거둔다.

과거, 현재, 미래가 섞이는
비연대기 시간

∞

〈어벤져스: 엔드게임〉은 프랑스 철학자 질 들뢰즈의 눈으로 보면 흥미로운 시간을 보여준다. 과거, 현재, 미래의 순으로 흐르는 연대기 시간이 아니라 과거, 현재, 미래가 함께 있는 비연대기 시간이다.

아이언맨 토니의 장례식을 치른 뒤 캡틴 아메리카 '스티브 로저스'는 여섯 개의 인피니티 스톤을 제자리에 돌려주러 다시 한번 시간 여행을 다녀온다. 그리고 백발의 노인이 되어 돌아온다. 스티브는 스톤들을 돌려놓은 뒤 평범하고 행복한 삶을 살다가 돌아왔다고 말한다. 왼손에 결혼반지를 끼고 있다.

제2차 세계대전이 끝나고 돌아온 스티브가 데이트 약속을 지키지 못한 페기 카터와 집에서 행복하게 춤을 추며 키스를 나눈다. 〈어벤져스: 엔드게임〉의 명장면이다.

들뢰즈는 영화에 나오는 여러 이미지 가운데 시간 이미지가 과거, 현재, 미래의 공존을 보여준다고 말한다. 현실에서 시간은 과거, 현재, 미래를 차례대로 거치고 거꾸로 흐를 수 없다. 현실에서 시간은 연대기 시간이다. 그러나 영화는 필름을 편집하기 때문에 과거, 현재, 미래를 섞을 수 있다. 그러면 우리는 과거, 현재, 미래를 차례대로 보지 않고 다른 순서로 만날 수 있다. 또 과거, 현재, 미래가 함께 있을 수 있다. 영화는 비연대기 시간을 보여준다.

호크아이 '클린트 바튼'이 딸 라일라 바튼에게 활 쏘는 법을 가르치고 화살을 챙겨 점심을 먹으러 뒤돌아보는 순간 가족이 없다. 클린트는 가족을 애타게 부른다. 우리는 가족을 애타게 부르는 클린트를 보며 조금 전 손가락을 튕긴 타노스를 함께 볼 수 있다. 손가락을 튕긴 과거의 타노스가 가족을 부르는 현재의 클린트와 함께 있다.

페기와 춤추고 키스하는 스티브를 보며 우리는 미래에 여섯 개의 인피니티 스톤을 돌려주러 다시 한번 시간 여행을 떠났다가 백발이 되어 돌아온 스티브를 함께 볼 수 있다. 백발이 된 미래의 스티브가 춤추고 키스하는 현재의 스티브와 함께 있다.

스티브가 시간 여행을 떠나 과거로 돌아갔기 때문에 미래의 스티브가 현재의 스티브와 함께 있는 게 아니다. 영화가 미래의 스티브를 먼저 보여주고 현재의 스티브를 나중에 보여주기 때문에 미래의 스티브가 현재의 스티브와 함께 있는 것이다.

클린트가 시간 여행을 테스트하고자 타노스의 손가락 튕기기로 가족이 몰살하기 전 집에 도착한다. 클린트는 아직 살아 있는 딸의 목소리를 듣곤 "라일라!"를 부르며 집 안으로 뛰어 들어가다가 원래 시간으로 돌아온다. 라일라가 2층에서 내려와 "아빠!"를 부르지만 아빠는 없다.

우리는 "아빠!"를 부르는 라일라를 보며 타노스의 손가락 튕기기로 죽을 라일라를 함께 본다. 미래의 라일라가 "아빠!"를 부르는 현재의 라일라와 함께 있다.

클린트가 시간 여행을 떠나 과거로 돌아갔기 때문에 미래의 라일라가 현재의 라일라와 함께 있는 게 아니다. 영화가 미래의 라일라를 먼저 보여주고 현재의 라일라를 나중에 보여주기 때문에 미래의 라일라가 현재의 라일라와 함께 있는 것이다.

영화는 시간을 과거, 현재, 미래의 연대기 순으로만 보여주지 않는다. 과거, 현재, 미래를 섞어 비연대기 순으로 보여줄 수 있다. 우리는 영화 덕분에 현실에서 볼 수 없는 시간, 비연대기 시간을 볼 수 있다. 영화야말로 시간 조작 능력을 갖춘 타임 스톤이다.

죽음은
피할 수 없다

∞

〈어벤져스: 엔드게임〉은 〈어벤져스: 인피니티 워〉의 세계관에 우선 시간을 추가한다. 여기서 시간은 들뢰즈가 말한 비연대기 시간이 아니라 타임머신의 시간이다.

타임 스톤은 시간 조작 능력을 지닌다. 타임 스톤은 과거로 역행할 수도 있고 미래로 가속할 수도 있다. 타임 스톤은 시간 역행이 가능하니까 죽은 사람을 살려낼 수 있다.

〈어벤져스: 인피니티 워〉에서 타노스가 비전을 되살려 이마에서 마인드 스톤을 뜯어내는 모습은 타임 스톤을 이용한 시간 역행을 보여준다. 〈어벤져스: 엔드게임〉에서 어벤져스는 타임 스톤 없이 양자 통로를 이용한 시간 여행으로 과거와 현재를 넘나드는 시간 역행과 시간 가속을 보여준다.

세계는 타노스가 지배할 수도 있고 어벤져스가 세계와 개인의 자유를 지킬 수도 있으며 시간 여행도 가능하다.

시간 여행이 필요한 이유는 두말할 것도 없이 가족 때문이다. 클린트 가족, 앤트맨 '스콧' 가족, 블랙 팬서 '트찰라' 가족, 스파이더맨 '피터' 가족, 가디언즈 가족이 헐크의 손가락 튕기기로 되살아난다.

〈어벤져스: 엔드게임〉의 세계관은 가족도 포함한다. 세계는 타노스가 지배할 수도 있고 어벤져스가 세계와 개인의 자유를 지킬 수도 있으며 시간 여행으로 가족을 되살릴 수도 있다. 하나 남았다.

죽음. 블랙 위도우 '나타샤'도 가고 비전도 가고 토니도 간다. 죽음은 타노스도 피하지 못한다. 두 번이나 죽는다. 초인 병사 계획에 자원해 특수 혈청을 맞고 늙지 않는 몸을 가진 스티브도 백발이 되어 돌아온다. 〈어벤져스: 인피니티 워〉와 〈어벤져스: 엔드게임〉의 세계관은 여섯 개의 형이상학 개념으로 완성된다.

세계는 타노스가 '지배'할 수도 있고
어벤져스가 세계와 '개인'의 '자유'를 지킬 수도 있으며
'시간' 여행으로 '가족'을 되살릴 수 있지만
'죽음'은 피할 수 없다.

전 세계를 매료시킨 가장 한국적인 것

〈기생충〉

〈Permission To Dance〉

"〈기생충〉은 가장 한국적인 것들로 가득 차서
오히려 가장 넓게 전 세계를 매료시킬 수 있었던 것이
아닌가 생각합니다."

2020년 제92회 미국 아카데미 시상식에서 봉준호 감독이 〈기생충〉으로 작품상, 감독상, 각본상, 국제장편영화상을 받고 기자회견에서 한 말이다.

"그러고는 느끼게 됩니다.
'아, 이건 내 이야기구나.

우리 시대, 우리 세대에 대한 이야기구나.'

비로소 우리는 자신을 돌아보게 됩니다.

하나의 콘텐츠가 '좋은 콘텐츠'가 되는 건

바로 이 순간입니다.

하나의 특수가 보편으로 변화하며

누군가의 영혼을 울리는 순간이죠."

그룹 방탄소년단(BTS)의 소속사 하이브 방시혁 의장(2019년 당시 빅히트엔터테인먼트 대표 프로듀서)이 2019년 11월 25일 한·아세안 특별정상회의에서 당시 문재인 대통령과 아세안 국가 정상들을 앞에 두고 한 말이다.

'특수가 보편으로 변화'는 헤겔 변증법의 원리다. 봉준호 감독은 방시혁 의장의 말에 구체 사례를 든다. '가장 한국적인 것'이 '특수'이고 '가장 넓게 전 세계를 매료'시키는 건 '보편'이다. 헤겔 철학을 공부하는 연구자들은 업계 전문용어로 가끔 말한다.

"헤겔은 해결해주는 건 없고 해골만 아프다."

반성한다. 나도 철학 동업자일 뿐 아니라 헤겔 철학으로 논문도 몇 편 썼다. 봉준호 감독과 방시혁 의장의 성공에서 헤겔 변증법의 힘을 확인한다.

기생충 PARASITE, 2019

감독: 봉준호 **출연:** 송강호, 이선균, 조여정, 최우식, 박소담 외

"어디서
그 냄새가 나는데"

∞

반지하에 사는 4수생 김기우가 친구 민혁의 소개로 재학 증명서를 위조해 글로벌 IT 회사 CEO 박동익의 딸 박다혜의 영어 과외 교사가 된다. 기우는 첫날 다혜의 남동생 박다송의 그림을 보고 동익의 아내 최연교에게 여동생 김기정을 일리노이주립대학교를 졸업한 미술 선생님 제시카로 소개한다.

기정은 첫날 다송이 초등학교 1학년 때 무슨 일이 있었냐고 묻고 연교는 그걸 어떻게 알았냐고 놀란다. 기정은 연교에게 다송이 미술 치료가 필요하다고 말한다. 마침 동익이 집으로 돌아와 윤 기사에게 제시카를 집에 데려다주라고 말한다. 기정은 윤 기사가 자꾸 집 앞까 지 데려다주겠다고 치근거리자 몰래 팬티를 벗어 조수석 밑에 둔다.

다음 날 동익이 차에서 기정의 팬티를 발견해 코에 대보고 얼굴을 찌푸리며 윤 기사를 의심한다. 동익은 연교에게 팬티를 보여주며 윤 기사가 자기 자리에서 카섹스를 한다며 적당한 이유를 대 해고하라 고 말한다. 집을 나서던 기정이 연교를 설득해 윤 기사 자리에 아버 지 김기택을 꽂는다.

기우는 다혜에게서 가정부 국문광이 복숭아 알레르기가 있다는 말을 듣고 복숭아털 가루를 뿌려 문광을 결핵 환자로 몰아 내쫓는 다. 엄마 박충숙이 문광의 자리에 들어간다.

"어, 똑같다. 둘이 냄새가 똑같다.

제시카 샘한테서도 비슷한 냄새가 나는데."

다송이 기택과 충숙의 옷 냄새를 맡고 말한다. 기우가 비누를 제 각각 다른 걸로 써야 하냐고 하자 기정이 말한다.

"그게 아니라 반지하 냄새야.

이 집을 떠나야 냄새가 없어진다고"

〈기생충〉에서 기정과 기우가 반지하 집 높은 곳인 변기 옆에서 와이파이를 잡는 모습

　다송의 생일에 동익의 가족이 캠핑을 떠나자 기우의 가족이 동익의 집을 차지하고 거실에서 술판을 벌인다. 그때 쫓겨난 문광이 초인종을 누르고 지하실에 두고 간 게 있다며 들어온다. 문광은 지하실 밑 방공호에 내려가 빚에 쫓겨 숨어 살며 며칠 쫄쫄 굶은 남편 오근세에게 젖병을 물리고 바나나를 먹인다.

　따라 내려간 충숙과 몰래 엿듣다가 들킨 기택 가족과 문광 가족 사이에 싸움이 벌어진다. 그때 연교가 전화를 걸어 폭우 때문에 곧 집으로 돌아가니 한우 넣고 짜파구리를 만들어 놓으라고 말한다.

　기택 가족은 혼비백산해 거실을 대충 정리하고 문광 가족을 방공호로 내려보낸다. 문광은 탈출하다가 충숙의 발길에 방공호 계단을 굴러떨어져 얼마 못 가 뇌진탕으로 죽는다. 기택 가족은 거실 테이블 밑에 숨어 있다가 간신히 빠져나온다. 기택의 반지하 집은 폭우로 물에 잠긴다.

화창한 다음 날 동익의 집 잔디밭에서 다송의 생일 파티가 열린다. 문광의 죽음에 눈이 돌아간 근세가 기우의 머리를 수석으로 내려치곤 부엌칼을 들고 파티에 난입해 기정의 가슴을 찌른다. 동익이 기절한 다송을 안고 기우를 부르지만 기정의 가슴을 지혈하고 있는 기우는 자동차 키만 던진다. 키는 충숙의 쇠꼬챙이에 옆구리를 찔린 근세의 몸 밑에 깔린다.

동익은 키를 찾다가 근세에게서 나는 냄새를 맡고 얼굴을 찌푸리며 코를 막는다. 그 모습을 본 기우가 다가가 동익의 가슴에 칼을 꽂는다. 〈기생충〉의 명장면이다.

"어디서 그 냄새가 나는데.

김 기사님 스멜.

오래된 무말랭이 냄새,

행주 삶을 때 나는 냄새.

그 양반 선을 넘을 듯 말 듯하면서도

결국엔 선을 안 넘거든. 그건 좋아. 인정.

근데 냄새가 선을 넘지, 냄새가, 시발.

가끔 그 지하철 타면 나는 냄새 있어."

"몰라. 난 너무 오래됐어. 지하철 타본 지."

　동익과 연교가 기택의 반지하 냄새를 두고 나누는 대화다. 이때 기택은 기정, 기우와 함께 동익의 집 거실 테이블 밑에 숨어서 듣고 있다. 기택은 자기 셔츠 냄새를 맡아 본다.

'귀추 논증의 대가',
봉준호의 〈기생충〉

∞

"개별은 특수와 보편의 통일이다."

　독일 철학자 게오르그 헤겔(G. Hegel)이 주창한 개념에 관한 변증법의 핵심 내용이다. 헤겔의 '개념 변증법'은 내용이 엄청 더 많지만 더 들어가면 정말 해골이 아파지니까 여기까지.

　개념은 언어로 표현되는 생각이다. '기생충'은 개념이다. '기생충'은 다른 동물에 붙어 양분을 빨아먹고 사는 벌레라는 생각을 표현하는 언어 또는 2020년 미국 아카데미상을 네 개 석권한 한국 영화라는 생각을 표현하는 언어다.

　개념은 세 종류다. 개별 개념, 특수 개념, 보편 개념. 방시혁 의장은 개별 개념을 빼고 특수 개념과 보편 개념만 사용하지만 오리지널

대로 세 개념을 사용해보자.

기생충은 이, 벼룩, 회충 등 특수한 기생충을 다 포함하니까 보편 개념이다. 이 한 마리, 벼룩 한 마리, 회충 한 마리는 개별 개념이고 개별 이들, 개별 벼룩들, 개별 회충들을 다 포함하는 이, 벼룩, 회충 은 기생충이라는 보편 개념에 비해 특수 개념이다.

개별, 특수, 보편은 상대 개념이다. 특수는 개별에 비해 더 보편이 고 보편에 비해 덜 보편이다. 개별 이 한 마리도 그 이의 머리, 가슴, 다리에 비해 특수 개념이다. 기생충도 생물에 비해 특수 개념이다.

개별이 특수와 보편의 통일이라면 개별 이는 특수 이와 보편 기생 충의 통일이다. 개별 이는 작은 머리, 넓은 가슴, 다섯 마디 다리 여 섯 개라는 이의 특수성과 다른 동물에 붙어 양분을 빨아먹고 사는 벌레라는 기생충의 보편성을 결합한 것이다.

영화 〈기생충〉은 개별이다. 봉준호 감독이 말하는 '가장 한국적인 것들'은 특수다. '가장 넓게 전 세계를 매료'시키는 건 보편이다. 〈기 생충〉은 한국적인 특수와 전 세계를 매료시키는 보편을 통일한 개 별이다.

말장난 같지만 〈기생충〉이라는 좋은 영화를 어떻게 만들 수 있는 지에 대한 답이 들어 있다. 〈기생충〉 같은 좋은 영화, 좋은 콘텐츠를 만들려면 한국적인 특수와 전 세계를 매료시킬 수 있는 보편을 결합 하라는 게 답이다. 영화 속으로 들어가보자.

〈기생충〉은 냄새 영화다. 동익이 맡는 기정의 팬티 냄새, 다정이 맡는 기택과 충숙의 냄새, 기정의 말로는 '반지하 냄새', 문광의 복숭아털 알레르기, 근세의 지하 냄새. 우리가 〈기생충〉을 보며 상상으로 맡는 냄새들이다.

기택 냄새는 개별, 반지하 냄새는 특수, 가난 냄새는 보편이다. 가난 냄새는 반지하 냄새뿐 아니라 지하철 냄새, 연탄가스 냄새, 찌든 담배 연기 냄새도 있을 수 있으니까 보편이다. 반지하 냄새는 기택 냄새뿐 아니라 충숙 냄새, 기정 냄새도 있으니까 특수다. 기택 냄새는 가난 냄새라는 보편과 반지하 냄새라는 특수를 결합한 개별이다.

가난 냄새, 정확하게는 가난 냄새에 대한 동익의 인상 찌푸리기가 가장 넓게 전 세계를 매료시키는 이유는 전 세계 가난한 사람들의 자존심을 건드리기 때문이다. 동익의 "김 기사님 스멜, 시발."은 전 세계 가난한 사람들의 자존심을 건드리는 '내 이야기'다.

이번에는 개인이 아니라 가족을 단위로 개별, 특수, 보편을 나눠 보자. 기택 가족은 개별, 가족 사기는 특수, 가족 사랑은 보편이고 문광 가족은 개별, 방공호 대피는 특수, 가족 사랑은 보편이며 동익 가족은 개별, 과외 교사는 특수, 가족 사랑은 보편이다.

가족 사랑이라는 똑같은 보편이 가족 사기, 방공호 대피, 과외 교사라는 서로 다른 특수로 나타나고 보편과 특수가 결합하면 기택 가족, 문광 가족, 동익 가족이라는 개별이 된다.

좋은 콘텐츠를 만들 때 가난, 자존심, 가족 사랑과 같은 전 세계 사람들이 공유할 수 있는 보편은 찾기 쉽다. 찾기 어려운 건 특수다.

개별은 보편과 특수를 결합하면 나오니까 문제는 특수를 찾는 것이다. 어떻게 특수를 찾을 수 있을까?

"모든 사람은 죽는다.

소크라테스는 죽지 않는다.

따라서…."

논리학에서 '귀추(abduction)'라고 불리는 논증이다. 논증은 근거 (들)에서 주장을 끌어내는 것이다. "모든 사람은 죽는다."와 "소크라테스는 죽지 않는다."가 근거들이고 "따라서…."가 주장이다.

"모든 사람은 죽는다."는 모든 사람에게 해당하니까 보편이다. "소크라테스는 죽지 않는다."는 소크라테스에게만 해당하니까 개별이다. 귀추는 보편과 개별을 근거로 특수를 찾는 논증이다.

모든 사람이 죽고 소크라테스는 죽지 않는다면 "따라서…."에 들어갈 말은 소크라테스는 사람이 아니라는 것이다. 이 사람 아닌 걸 찾아야 한다. 사람, 죽는다, 소크라테스 말고 또 하나의 개념이 필요하다.

〈기생충〉에 나온 '수석'이 그 개념이라고 해보자. 못생긴 사람처럼 생긴 수석에 소크라테스라는 이름을 붙였다면 이 귀추 논증은 말이 된다. 돌은 죽지 않으니까.

"모든 사람은 죽는다.

소크라테스는 죽지 않는다.

따라서 소크라테스는 사람이 아니고 수석이다."

논리학에서 귀추는 타당하지 않은 오류다. 소크라테스는 '수석' 말고 '돈' '가면' '책'일 수도 있고 돈, 가면, 책도 죽지 않기 때문이다. 타당하려면 오직 그 답이어야 한다. 그러나 귀추는 쓸모가 있다. 보편과 개별에서 특수를 찾는 귀추는 과학에서 가설을 발견하는 좋은 방법이다.

아이작 뉴턴(I. Newton)은 지구가 태양 주위를 도는 행성이라는 보편과 지구가 태양 주위를 도는 궤도는 타원이라는 개별에서 태양과 지구 사이에 거리의 제곱에 반비례하는 중력이 있다는 특수를 발견했다.

〈기생충〉은 자존심 손상에 반지하 냄새를 결합해 기택 냄새를 만든다. 가족 사랑에 가족 사기를 결합해 기택 가족을 만든다. 가족 사랑에 방공호 대피를 결합해 문광 가족을 만든다. 가족 사랑에 과외 교사를 결합해 동익 가족을 만든다.

〈기생충〉이 재밌는 철학 비결은 반지하 냄새, 가족 사기, 방공호 대피, 과외 교사라는 특수들을 발견한 것이다. 봉준호 감독은 귀추의 대가다.

내가 공감하고 내 목표를 이루고자
내가 변한다

∞

"귀를 위한 시."

2016년 노벨 문학상을 받은 밥 딜런(B. Dylan)의 노래에 대한 스웨덴 한림원의 평이다.

"눈을 위한 노래."

'팝의 황제(King of Pop)'라고 불린 마이클 잭슨(M. Jackson)이 원조다. 마이클 잭슨의 성공 비결은 프로페셔널한 댄스 능력이다.

아버지 조셉 잭슨은 아들들이 엔터테이너가 되는 데 관심이 있다는 걸 알고 3년 동안 매일 두세 시간씩 훈련한 뒤 풀어줬다. 그 결과 1964년 잭슨 파이브(The Jackson 5)가 태어났다. 마이클은 다섯 살에 데뷔했다.

1981년 온종일 음악을 보여주는 MTV(Music Television) 채널이 개국하자 춤 전문가 마이클 잭슨은 물 만난 고기처럼 활약하기 시작했다. 마이클 잭슨은 듣는 음악을 보는 음악으로 바꿨다.

BTS의 성공 비결도 '칼군무'라고 불리는 자로 잰 듯 동작을 맞춘 댄스 능력이다. 서태지와 아이들이 우리나라 대중음악을 듣는 음악

──────── 퍼미션 투 댄스 MV Permission To Dance MV, 2021 ────────

감독: 룸펜스(최용석) **출연:** 방탄소년단

에서 보는 음악으로 바꾼 지 30여 년 만에 한국에서 '21세기 팝 아이콘'이 나왔다.

BTS의 〈Permission To Dance〉는 코로나19 팬데믹으로 마스크를 끼고 살며 지친 전 세계 사람들을 춤으로 위로하는 노래다. 위로가 보편이라면 춤이 특수이고 둘을 결합하면 〈Permission To Dance〉는 '내 이야기'가 된다.

"저는 그 가장 좋은 예가 '라이브 에이드' 공연이라고 생각합니다. 1985년 'Feed the World'라는 구호 아래 영국 웸블리 스타디움에 당대 최고의 아티스트들이 모였습니다. 당시 심각했던 아프리카의 기아 문제를 전 세계에 알리고 도움을 주기 위해서였습니다. 이들이 펼친 10여 시간 동안의 릴레이 공연은 인공위성을 통해 전 세계 100여 개국 19억 명의 시청

자에게 생중계되었고, 음악을 통해 인류애를 호소했습니다. 그리고 즉
각적인 반향과 흥분이 지구를 휩쓸었습니다."

방시혁 의장이 2019년 한·아세안 특별정상회의에서 한 말이다.
'라이브 에이드'는 기술이 좋은 콘텐츠를 만나야 존재 가치를 증명
할 수 있다는 예로 든 것이다.

'라이브 에이드'는 인공위성 생중계 기술의 존재 가치를 증명했
다. 반면 BTS는 유튜브 기술의 존재 가치를 증명했다.

'라이브 에이드' 공연 동안 시청자들은 약 1억 5천만 파운드를 모
금했다. 에티오피아 난민의 기아 문제 해결이라는 공동의 목표가 있
었고 전 세계 사람들은 내 문제, 우리 문제가 아니지만 인류애를 발
휘했다.

그러나 BTS의 〈Permission To Dance〉는 공동의 목표를 해결하
려는 노래라고 보기 어렵다. 코로나19 팬데믹으로 고생하는 전 세
계 사람들을 위로하지만 전 세계 사람들의 위로는 공동의 목표가 아
니라 BTS의 목표다.

포인트는 '내 이야기'이지 우리 이야기가 아니라는 것이다. '우리
시대, 우리 세대에 대한 이야기'지만 우리 이야기가 아니다. 우리 이
야기라면 우리가 공동으로 이루려는 목표가 있어야 하고 내 이야기
라면 내가 개인으로 이루려는 목표가 있어야 한다. 코로나19에 대
한 위로는 위로받는 내가 개인으로 이루려는 목표이지 에티오피아

난민의 기아 문제 해결, 반전 평화, 테러 종식, 남북통일처럼 우리가 공동으로 이루려는 목표가 아니다.

음악이 공동의 목표를 세우고 이루려는 시대는 1969년 우드스톡 페스티벌을 정점으로 내리막길을 걸었다. 우드스톡 페스티벌은 베트남전에 반대한다는 통일된 명분 아래 뉴욕 근처에 30만 관중이 모이고 록스타들이 총출동했다. 그 뒤 세상을 바꾸는 음악의 동력은 크게 줄어들었다.

그러나 개인을 바꾸는 음악의 동력은 여전히 강하게 남아 있다. 1985년 '라이브 에이드'도 공동의 목표가 있지만 개인을 바꾸는 음악의 동력에 호소했다. 모금에 동참한 사람들은 전 세계 개인이다.

BTS의 〈Permission To Dance〉는 개인의 공감과 목표를 위한 개인의 변화를 지향한다. '내 이야기'는 내가 공감하고 내 목표를 이루고자 내가 변한다는 뜻이다. 시대와 음악의 힘을 잘 읽었다.

"춤추고 싶어(I wanna dance)."

우리가 아니라 '나'다. BTS의 칼군무처럼 일곱 명의 멤버가 개인으로 춤을 추지만 하나로 보이듯, 전 세계 아미와 팬들이 BTS의 〈Permission To Dance〉에 개인으로서 공감하고 환호하고 위로받지만 거대한 하나로 보일 뿐이다.

⟨Permission To Dance⟩에서 국제수어로 "춤춘다"라고 말하는 모습

관용의 언어로 노래하는
수어 음악

∞

⟨Permission To Dance⟩ 뮤직비디오에는 "즐겁다" "춤춘다" "평화"를 국제수어로 말하는 모습이 나온다. ⟨Permission To Dance⟩의 명장면이다.

국제수어는 춤과 함께 ⟨Permission To Dance⟩에 있는 또 하나의 특수다. 이 특수의 보편은 소수집단에 대한 관심이다. ⟨Permission To Dance⟩는 소수집단에 대한 관심과 청각장애인의 국제수어를 결합한 개별이다.

홉스, 몽테뉴, 베이컨, 로크, 데카르트, 스피노자, 라이프니츠, 벨,

볼테르, 루소, 흄, 칸트, 헤겔, 밀, 니체, 아렌트, 포퍼, 롤스. 모두 유명한 철학자들이다. 이들에겐 경험론자, 합리론자, 낭만주의자, 관념론자, 공리주의자, 정의론자 등 서로 다른 별칭이 붙어 있다. 그러나 이들이 모두 공유하는 별칭이 하나 있다. '관용주의자'.

1517년 종교개혁 이후 수많은 개신교 종파가 등장하면서 끊임없는 종교 박해와 종교 전쟁이 이어졌다. 1618년부터 30년 동안 지속된 종교 전쟁으로 중부 유럽 인구는 3분의 1이 넘게 줄었다.

철학자들은 이구동성으로 관용을 외쳤다. 이들이 외친 관용은 주로 종교 관용이지만 이제 관용은 자유, 평등, 박애와 함께 민주주의의 제4원리라고 불리며 사회의 갈등과 충돌을 해결하는 대안으로 평가받는다.

성, 인종, 언어, 출신 민족, 종교, 장애를 차별하고 배척하는 불관용의 언어가 넘쳐나고 있다. 전 세계 약 15억 명이 난청, 청각 장애를 앓고 있다. BTS의 〈Permission To Dance〉는 관용의 언어로 노래하는 수어 음악이다. 자랑스럽다.

음악으로 즐기는 작은 디오니소스 파티

〈비긴 어게인〉

왜 노래방에 가는가? 직장 상사에게 끌려가는 걸 빼면 지친 심신을 달래든 신나게 놀든 나를 위해 간다. 내 인생은 내가 즐겨 듣고 부른 노래들의 집합일 수 있다.

"이래서 내가 음악을 좋아해.

가장 따분한 순간까지도 갑자기 의미를 갖게 되니까.

이런 평범함도 음악을 듣는 순간

아름답게 빛나는 진주처럼 변하지.

그게 음악이야.

이 모든 순간이 진주야, 그레타."

── 비긴 어게인 Begin Again, 2013 ──

감독: 존 카니 **출연:** 키이라 나이틀리, 마크 러팔로 외

〈비긴 어게인〉에서 음반 프로듀서 댄 멀리건이 싱어송라이터 그레타 제임스에게 음악의 존재 이유를 말한다. 따분한 순간을 진주처럼 빛나는 순간으로 바꾸는 힘이 음악의 존재 이유다.

우리가 노래방에 즐겨 가는 이유도 음악의 존재 이유와 같지 않을까. 따분한 순간을 아름다운 순간으로 바꾸려고. 너무 뻔한가?

"그럼 왜 곡을 쓰죠?"

"왜라뇨? 날 위해서죠. 내 고양이하고."

그레타는 데모 음반도 없고 페이스북에 올린 동영상도 없다고 댄에게 말한다. 그레타는 자기를 위해 음악을 만든다. 남들 들으라고 음악을 만드는 게 아니다. 대중음악이 아니다. 개인 음악이다.

그레타는 뉴욕의 한 작은 클럽에서 남사친, 스티브의 느닷없는 소개로 무대에 오른다. 도시에 홀로 남겨진 사람들을 위한 노래라면서 〈되돌릴 수 없는 발길〉을 부른다. 댄이 그레타를 유심히 지켜본다.

"같이 일합시다." 댄이 바로 그레타에게 명함을 건넨다. "반응 못 봤어요?" 그레타는 명함을 돌려주며 거절한다. 댄이 그레타에게 솔직하게 말한다. 1년 전에 집을 나와 더러운 아파트에서 잠만 자고 있고 회사에서 신망을 완전히 잃어 계약을 주선할 수도 없다고.

동병상련. 댄도 도시에 홀로 남겨졌다. 댄은 스튜디오를 빌릴 돈이 없자 뉴욕 거리에서 녹음한다. 센트럴 파크, 지하철역, 골목을 돌아다닌다. 경찰이 쫓아와 도망 다니기도 한다.

"정말 환상적인 앨범이에요." 댄을 해고한 음반 회사 대표 사울이 그레타의 앨범에 감탄한다. 그레타가 묻는다. "우리가 앨범을 내면 수익은 얼마나?" "앨범 한 장에 10달러라고 치면 아티스트는 1달러를 받아요. 출판물도 똑같아요. 한 권당 1달러죠."

그레타가 되묻는다. "앨범을 우리가 직접 만들었으니 비용 들어간 게 없고 홍보는 입소문으로 충분하고요. 그래서 말인데요. 왜 회사가 9달러나 가져가죠?" 그레타는 댄에게 음반 회사와 계약하지 않겠다고 말한다. 그리고 앨범을 1달러로 온라인에 뿌린다.

〈비긴 어게인〉에서 그레타와 댄이 길을 걸으며 얘기하는 모습

고생 끝에 나온 음악은
아름답다

∞

독일 철학자 프리드리히 니체(F. Nietzsche)는 참된 예술은 두 가지 원리를 잘 결합해야 한다고 말했다. 하나는 질서와 조화를 상징하는 '아폴론' 원리이고, 또 하나는 혼돈과 고뇌를 상징하는 '디오니소스' 원리다.

예술이 진짜 아름답다는 감정을 불러일으키려면 아폴론 원리의 조화와 질서만으론 부족하다. 그 아래에 디오니소스 원리의 고뇌와 혼돈이 깔려 있어야 한다.

사람의 삶도 계산하고 예측하는 이성 또는 로고스(logos)가 강하면 안전하지만 무미건조하다. 또 앞뒤 재지 않는 열정 또는 파토스(pathos)가 강하면 재밌지만 불안하다. 둘을 융합해야 한다.

고대 그리스 신화를 보면 디오니소스는 제우스와 세멜레 사이에서 태어났다. 디오니소스는 신과 사람의 자식은 신이 될 수 없고 영웅만 될 수 있다는 원칙을 유일하게 깨고 아빠 찬스로 신의 반열에 오른다.

그러나 디오니소스는 하늘에서 살지 못하고 땅에서 살며 신이라는 걸 의심받는다. 제우스 무리에게 패한 티탄들의 박해도 받는다. 그때 디오니소스는 포도주나 환각제로 의심하고 박해하는 자들을 환각 상태에 빠트린다.

디오니소스는 사람과 닮은 신, 하늘나라에서 놀고먹는 신들과 달리 땅에서 고생하고 고뇌하며 박해받는 신이다.

"너는 홀로 지하철을 기다리지.
넌 알아, 이게 마지막이라는 걸.
선로를 따라 지하철이 들어오고 있어.
고통은 어둠 속에서 지워지네.
마지막 한 걸음을
내디딜 준비가 되었니?
되돌아갈 수 없는 걸음이야."

〈비긴 어게인〉에서 그레타가 〈되돌릴 수 없는 발길〉을 부르는 모습

그레타가 부른 〈되돌릴 수 없는 발길〉이다. 〈비긴 어게인〉의 명장
면이다. 그레타는 실연과 무직의 아픔을 곱씹으며 고향으로 돌아가
거나 뉴욕 지하철에 되돌아갈 수 없는 마지막 한 걸음을 내디뎌야
할 처지에 있다.

"만취해 지하철 기다리다가 자살할 작정이었죠.
그러다 당신 노래를 들었죠. 맥주 한잔할래요?"

댄이 그레타에게 명함을 건네며 하는 말이다. 디오니소스와 닮은
사람을 찾자면 댄이 그레타보다 한 수 위다. 그레타가 뉴욕이 지겨
워 내일 고향에 돌아갈 거라고 말하자 댄이 대꾸한다.

"왜 이래요

뉴욕에 온 사람치고

끔찍한 경험

안 해본 사람이 없는데.

당신은 무슨 일이죠?

나한텐 말해도 돼요.

난 비참한 거에 도가 텄소"

댄은 뮤지션에게 최고인 그래미상을 두 차례나 타며 성공을 거두지만 추락을 거듭했다.

지난 5년 동안 발굴한 뮤지션 중에 잘된 사람이 하나도 없고 아내가 바람을 피우는 바람에 집을 나와 쪽방에서 잠만 자며 지낸다. 딸이 보는 앞에서 해고당하고 딸과 카페에서 무전취식하고 도망치다가 주인에게 붙잡혀 얻어맞는다.

댄도 뉴욕 지하철의 유혹을 느낀다.

댄은 사울에게 그레타의 데모 음반 제작을 지원해달라고 요청했다가 거절당하자 아예 뉴욕시 곳곳에서 앨범 전체를 녹음한다. 자동차 배터리에 음악 기기의 전선을 연결하고 '심심해 미칠 지경인 뮤지션들'의 반주와 골목에서 노는 꼬마들의 코러스를 배경으로 노래를 녹음하는 건 디오니소스 스타일이다.

고생 끝에 나온 음악은 아름답다.

대중음악의
개인 변신 동력

∞

고대 그리스에는 디오니소스 신을 숭배하는 신앙이 널리 퍼졌다. 해마다 3박 4일간 열리는 디오니소스 파티의 절정은 셋째 날 어스름해진 저녁에 여신도들만 언덕에 모여 새끼 늑대나 염소를 맨손으로 잡아 죽이고 생살을 뜯어 먹는 의례다. 춤추고 노래하며 환각 상태로 디오니소스 신의 살과 피를 먹고 시들해진 삶을 되살리는 게 목적이다.

'3일간의 음악, 평화, 사랑, 비와 약물의 잔치'라고 불린 1969년 우드스톡 페스티벌은 20세기에 부활한 디오니소스 파티다. 베트남전에 반대한다는 통일된 명분 아래 뉴욕 근처에 30만 관중이 모여들고 록스타들이 총출동했다.

우드스톡 페스티벌에서 압권은 '기타의 신'이라고 불린 지미 헨드릭스(J. Hendrix)의 미국 국가 연주였다.

그는 전기 기타 하나로 헬기 뜨는 소리, 로켓 날아가는 소리, 폭탄 터지는 소리 등 베트남전을 묘사했다. 전쟁과 돈에 찌들어 죽어가는 미국을 되살리려는 듯했다.

20세기 디오니소스 파티는 단 한 번으로 끝난다.

1970년 캄보디아 전쟁에 미군이 파견되었다는 소식을 듣고 켄트 주립대학교에서 시위가 일어난다. 닉슨 대통령이 군인들을 투입해

학생들의 무릎을 겨냥해 총을 쏘고 네 명이 죽는다. 음악으로 세상을 바꾸려는 꿈도 막다른 골목에 이른다.

파티가 끝나면 일상이 찾아온다. 일상의 화두는 재미다. 어디 재밌는 일 없나 여기저기 기웃거린다. 음악은 여전히 재밌는 놀이터를 제공한다.

댄이 소음 가득 찬 뉴욕 골목에서 녹음하려 할 때 초등학생쯤으로 보이는 동네 꼬마들이 농구공으로 놀며 떠들고 있다. 조용히 해주는 대가로 댄과 꼬마들 사이에 거래가 이뤄진다. 각자 5달러에 막대 사탕 하나, 담배 한 개비와 공동으로 성냥 한 갑. 꼬마들이 선심을 써 노래 후렴을 불러준다.

"잠깐만 잠깐만 잠깐만 잠깐만."

그레타가 댄에게 베이스 기타를 친 경력을 인터넷에서 봤다며 바이올렛과 가족 연주를 해보라고 권한다.

바이올렛도 기타를 친다. 엠파이어스테이트 빌딩이 보이는 어느 건물 옥상에서 〈집에 가고 싶으면 말해줘〉를 녹음할 때 댄이 딸에게 말한다.

"네가 원할 때면 아무 때나 들어와."

바이올렛이 들어온다. 댄이 베이스로 바이올렛의 기타와 리듬을
맞춘다.

"맙소사.

오, 바이올렛!"

댄이 감탄한다. 그레타와 연주 멤버가 모두 바이올렛에게 박수를
보낸다. 댄이 딸의 볼에 키스 세례를 퍼붓는다.

"경찰 온다.

빨리 튀자고!"

앨범 녹음이 다 끝나고 작은 파티가 벌어진다.

대중음악이 세상을 변혁하는 동력은 우드스톡 페스티벌을 정점으
로 내리막길을 걸어 바닥이 난 듯하다. 그러나 대중음악의 개인 변
신 동력은 남아 있다.

바이올렛은 그레타와 만나 '헐벗은' 옷을 덜 야하게 바꿔 입고 아
빠와 음악으로 소통한다. 댄도 바이올렛의 기타 연주를 보면서 딸과
소통하고 녹음 현장에 초대한 아내와 재결합한다.

〈집에 가고 싶으면 말해줘〉의 녹음은 음악이 세상 변혁이 아니라
개인의 변신 동력을 가진다는 걸 보여주는 작은 디오니소스 파티다.

"듣는 걸 보면

그 사람을 알게 돼."

댄은 뮤지션답게 어떤 음악을 듣는지 알면 그가 어떤 사람인지도 알 수 있다.

요리사라면 먹는 걸 보고, 영화인이라면 영화 보는 걸 보고, 철학자라면 생각하는 걸 보고 어떤 사람인지 아는 것과 같다.

"내 음악 목록엔 접근 금지예요.

창피하고 죄스러운 곡들이

많이 들었어요."

하지만 그레타는 댄에게 접근을 허용한다. 프랭크 시나트라의 〈행운의 여신이여〉, 스티비 원더의 〈난생처음〉, 영화 〈카사블랑카〉의 노래, 둘리 월슨의 〈시간이 흐르듯이〉도 있다.

그레타의 꿈은 말괄량이가 아니라 멜로 영화의 주인공이라는 걸 알려주는 음악 목록이다.

그러나 그레타는 새로 출발한다. 전 남자친구 데이브 콜은 그레타가 만든 노래에 힘입어 크게 성공해 그레타를 공연장에 초대한다. 데이브는 〈길 잃은 별들〉을 부르며 그레타에게 무대 위로 올라오라고 신호를 보내지만 그레타는 떠난다.

멜로 영화의 주인공 같은 데이브 여자친구로서의 삶을 버리고 새로 시작한다는 뜻이다.

음악은 개인의 변신 동력이다. 우리도 노래방에서 작은 디오니소스 파티를 즐길 수 있다.

니체의 말이다.

"변신은 무죄."

_『니체 전집 16』 314쪽

4부

영화도 철학도
관계의
연속이다

남으로 여기다가 나로 받아들이는 이야기

〈변호인〉

〈그랜 토리노〉

"남은 지옥이다."

_『닫힌 방』 315쪽

프랑스 철학자 장 폴 사르트르(J-P. Sartre)의 말이다. 남은 지옥이
니까 피하고 벗어나야 한다는 뜻이 아니다. 남은 내 삶에서 피할 수
도 벗어날 수도 없으니까 오히려 남과 나의 관계를 잘 만들어야 한
다는 뜻이다.

남은 다양하다. 내가 아니면 모두 남이다. 가족도 남이고 친구도
남이다. 남성에겐 여성이 남이고 한국인에게 동남아시아인이 남이
다. 이성애자에겐 동성애자가 남이고 비장애인에겐 장애인이 남이

변호인 The Attorney, 2013

감독: 양우석 **출연:** 송강호, 김영애, 오달수, 곽도원, 임시완 외

다. 사람에겐 반려동물, 기계, 자연, 바이러스도 남이다.

그러니까 남들과 어떤 관계를 맺어야 좋을지 생각해봐야 한다. 그래야 내가 어떻게 살지 답이 나온다.

남은 철학에서 요즘 많이 쓰는 말로 타자다. 철학은 어렵다는 이미지가 강한데 어려운 말까지 쓸 필요가 있을까. '타자' 대신 '남', '자아' 대신 '나', '인식' 대신 '지식'이라고 쓰면 좋겠다.

〈변호인〉은 노무현 전 대통령이 속물 세법 변호사에서 인권 변호사로 변하는 모습을 그린다. 인권과 운동권과 민주주의를 남으로 여기다가 나로 받아들이는 변신 이야기다.

"하께요,
변호인 하겠습니다"

∞

1978년. 송우석 변호사는 부산에 사무실을 내고 부동산 등기 업무에 손을 대 돈을 번다. 버젓한 아파트로 이사하는 날 송우석은 가족과 함께 국밥집에서 외식한다.

"아지매, 저 기억 안 납니까?
내 요서 밥 묵고 도망간 놈입니다.
한 7년 전에."

"니 참말로 그 문디가? 니 시험 붙었나?"

"예, 이자는 변호사 됐십니더.
이자서 밥값 내러 왔십니다."

"치아라. 마.
자고로 묵은 빚은 얼굴하고 발로 갚는 기라.
아, 자주 오라꼬 알겠나?"

"아지매, 내 한번 안아봐도 됩니까?"

송우석은 국밥집에서 부산상업고등학교 동창생들과 모여 TV 뉴스로 시위하는 대학생들을 보며 말한다. 〈변호인〉의 명장면이다.

"까놓고 말해서, 저 서울대씩이나 간 놈들
맨날 데모해 쌓는 기 문제 아이가?
아, 문제가 있으면 공부를 열심히 해가
논리적으로 따져야지,
저, 저 공부하기 싫어가 지랄병 하는 거 아이가,
저 뭐고?"

부산대학교 공대 1학년 국밥집 아들 박진우는 야학에서 여성 노동자들을 가르치다가 차동영 경감과 형사들에게 붙잡힌다. 국밥집 아줌마는 한 달 넘게 아들을 찾아다니고 있다. 김상필 변호사가 송우석을 찾아와 국가보안법 사건을 맡아줄 수 있겠냐고 묻는다. "행님요, 저 속물 세법 변호사 아입니까."

송우석이 사무실에 출근하다가 계단에 쪼그려 앉아 있는 국밥집 아줌마를 본다. "변호사님아, 내 쫌 도와도." 사무장이 진우가 '부독련' 사건에 얽혔다고 절대 개입하지 말라고 송우석에게 당부한다.

다음 날 송우석이 아줌마와 부산 구치소에 간다. 진우의 등에 시퍼런 피멍 자국이 있는 걸 본다. "진우야, 니 누구한테 맞았나?" 진우가 고개를 끄덕인다. 송우석이 김상필 변호사 집을 찾는다. "이런 게

〈변호인〉에서 송우석이 국밥집 아줌마와 부산 구치소에서 진우를 면회하는 모습

어딨어요? 이라만 안 되는 거잖아요. 하께요. 변호인 하겠습니다."

차동영이 증인 선서를 한다. 송우석이 묻고 차동영이 대답한다.

"학생과 시민 몇 명이 모여서 책 읽고 토론한 게

국보법에 해당하는지 안 하는지

도대체 증인은 뭘 보고 어떻게 판단했습니까?

판단 근거가 뭡니까?"

"내가 판단하는 게 아니라 국가가 판단합니다."

"국가? 증인이 말하는 국가는 대체 뭡니까?"

"변호사라는 사람이 국가가 뭔지 몰라?"

"압니다. 너무 잘 알지요.

대한민국 헌법 제1조 2항.

대한민국 주권은 국민에 있고

모든 권력은 국민으로부터 나온다.

국가란 국민입니다.

근데 증인이야말로

그 국가를 아무 법적 근거도 없이

국가보안 문제라고 탄압하고 짓밟았잖소?

증인이 말하는 국가란

이 나라 정권을 강제로 찬탈한 일본 군인들,

그 사람들 아니야?"

진우는 3년 형을 선고받는다. 진우 어머니가 송우석에게 국밥을
대접한다. "변호사님아, 니는 최선을 다했다 아이가. 이거라도 묵어
야 내 맘이 안 편하겠나." 송우석이 말없이 국밥을 입에 넣는다.

1987년. 박종철 열사 추모 집회에서 송우석이 연설한다. "시민 여
러분, 흩어지지 말고 이 자리를 지킵시다." 최루탄이 터진다. 송우석
이 길에 주저앉는다. 콜록콜록. "시민 동지 여러분!"

송우석의 공판이 열린다. 변호인단을 대표해 김상필 변호사가 변

호인이 많고 방청석에도 앉아 있으니 출석 여부를 확인해 달라고 재판장에게 부탁한다. 재판장이 호명하고 변호사가 일어선다. 이날 법정에는 부산 지역 변호사 142명 중 99명이 출석했다.

"김상필 변호사, 이흥기 변호사, 윤태호 변호사, 박병호 변호사, 최원재 변호사, 이하 변호사 호칭을 빼도록 하겠습니다. 이동준, 유정혁, 신원진, 이규택, 박상순, 고진, 홍성호, 문윤석, 조선태…"

악의 평범성은
생각하는 능력이 없다는 뜻

∞

독일 철학자 한나 아렌트(H. Arendt)는 유대인이다. 아렌트는 시온주의자들의 활동을 도와주다가 경찰에 체포되어 조사받고 나온 뒤 나치 치하의 독일을 떠나 프랑스로 간다. 아렌트는 제2차 세계대전이 일어나고 프랑스에 독일의 괴뢰, 비시 정권이 들어서자 유대인 강제 수용소에 갇히지만 탈출해 미국으로 망명한다.

1960년 뉴욕에서 아렌트는 아돌프 아이히만(A. Eichmann)이 이스라엘 예루살렘에서 재판을 받는다는 소식을 듣는다. 아이히만은 유대인 500만 명의 학살을 기획하고 실행한 주범이며 아르헨티나에 잠적해 있다가 이스라엘 정보요원에게 붙잡힌다.

아렌트는 예정한 대학 강의를 취소하고 미국 교양 잡지의 특파원 자격으로 예루살렘에 가서 재판을 참관한다. 그 결과 『예루살렘의 아이히만』(1963)이 나온다.

나치가 유대인을 독일 민족과 구별해 비하, 격리, 학살한 건 유대인을 남으로 만든 사례다. 20세기를 대표하는 남 만들기 사례다. 아렌트는 나와 남을 가르지 않는 다문화 공생의 철학자로 주목받는다.

아렌트의 눈으로 보면 속물 세법 변호사 송우석과 아이히만은 닮은 점이 있다. 악의 평범성(banality)이다.

'악의 평범성에 대한 보고', 『예루살렘의 아이히만』의 부제다. 악이 평범하다는 말은 악이 드물지 않고 흔해서 쉽게 볼 수 있다는 뜻이다. 아렌트는 아이히만이 저지른 악행이 고의도 아니고 사전에 고안된 것도 아니라고 말한다.

아이히만은 유대인에게 엄청난 범죄를 저질렀지만 재판정에서 어떤 후회나 가책도 표하지 않는다. 아렌트는 그 이유가 아이히만이 뻔뻔하거나 어리석기 때문이 아니라 '생각하는 능력'이 없기 때문이라고 말한다.

악의 평범성은 생각하는 능력이 없다는 뜻이다. 우리나라 군대 용어로 '개념이 없다'라는 말과 같다. 생각하는 능력이 없고 개념이 없는 사람은 드물지 않고 흔하다. 아이히만은 악의 평범성을 보여주는 한 사례일 뿐이다.

피의자가 국보법에 해당하는지 아닌지 어떻게 판단하느냐고 송우석이 묻자 차동영이 대답한다. "공안 형사만 13년쨉니다. 눈깔 돌리는 것만 봐도 국보법 사건인지 아닌지 알지, 그걸 모릅니까?"

송우석이 대꾸한다. "하, 그래요, 그라믄 말입니다. 무하마드 알리하고 조지 포먼하고 권투 시합하는데, 내가 알리 응원했어요. 이거 국보법 위반입니까, 아닙니까? 증인, 증인이 우기는 국보법대로라면 김일성이가 알리 응원했다고 증인이 우기면 나 국보법 위반, 이적 행위로 잡혀 들어가요?"

알리든 송우석이든 차동영이 국보법 위반이라고 우기면 잡혀 들어간다는 게 말이 되느냐는 뜻이다. 차동영은 국보법 위반인지 아닌지를 생각하는 능력이 없다. 아이히만이 자기가 유대인에게 한 일이 범죄인지 아닌지를 생각하는 능력이 없는 것과 같다.

속물 세법 변호사 송우석도 생각하는 능력이 없긴 마찬가지다. 송우석이 시위하는 대학생들을 비난하자 동창생인 〈부산신보〉 이윤택 기자가 말한다.

"니, 자들이 왜 데모하는지
한 번이라도 생각해본 적 있나?
니 말대로 서울대씩이나 간 아들이 와 저라는 거 같노?
어, 뭐? 공부하기 싫어서 지랄한다고
니가 지랄이다, 이 문디 자식아."

송우석은 서울대씩이나 간 학생들이 왜 시위하는지 생각해본 적이 없다. 송우석은 SKY 출신 변호사들 사이에서 먹고 살기 바쁘다. 게다가 대학 문턱에 가보지도 못한 고졸 출신이다.

그러나 송우석은 한 달 넘도록 행방불명이다가 겨우 면회한 국밥집 아들의 등에 시퍼런 피멍 자국이 있는 걸 보고 '생각'하기 시작한다. 왜 학생들이 책을 읽고 토론하고 야학을 열어 노동자들에게 지식을 전하고 시위까지 하는지. 송우석은 학생들이 읽은 '불온서적들'을 밤새 읽고 김상필 변호사에게 변호를 맡겠다고 응답한다.

아렌트는 나치에 의해 독일 시민권이 박탈되고 미국 시민권을 얻을 때까지 약 13년 동안 무국적자, 망명자로 생활했다. 이런 신분 탓에 공공 활동에서 제약을 받았다. 그때 아렌트는 남의 위치에서 생각하는 게 얼마나 중요한지 체득한다.

남의 위치에서 생각하기, 역지사지. 많이 듣는 말이지만 실행하긴 쉽지 않다. 역지사지라면 우리는 차동영의 위치에서도 생각해봐야 한다. "6·25 때 학살을 당하셨어요." 차동영의 아버지는 일제 강점기에 고등계 형사였다. 차동영이 아버지를 학살한 빨갱이들을 증오하는 것도 이해할 만하다.

그러나 우리가 차동영의 위치에서 생각한다면 차동영도 아버지가 잡아들이고 고문한 독립투사들의 위치에서 생각해봐야 한다. 차동영은 아버지의 위치에서만 생각한다. 또 아버지의 후예들, 송우석이 '이 나라 정권을 강제로 찬탈한 일본 군인들'이라고 부른 박정희

군사 정권과 역시 나라를 찬탈하고 동족을 죽인 전두환 군사 정권의
위치에서 생각할 뿐이다.

폭민이 되지 않으려면
생각해야 한다

∞

"잠시 후면, 여러분, 우리는 모두 다시 만날 것입니다. 이것이 모든 사람
의 운명입니다. 독일 만세, 아르헨티나 만세, 오스트리아 만세. 나는 이들
을 잊지 않을 것입니다."

—『예루살렘의 아이히만』 349쪽

교수대에서 아이히만이 남긴 말이다. "우리는 모두 다시 만날 것
입니다."와 "나는 잊지 않을 것입니다."는 서양의 장례 연설에서 쓰이
는 상투어다.

아렌트는 상투어가 현실을 가리고 현실을 생각하지 못하게 한다
고 말한다. 나치는 유대인과 관련해 직설 표현 대신 우회 표현을 사
용한다. '학살' 대신 '최종 해결책' '완전 소개' '특별 취급'이라는 표
현을 사용하고 '이송' 대신 '재정착'을 사용한다. '학살' 대신 '최종 해
결책'을 쓰면 죄책감을 느끼지 않아도 된다. 아이히만은 교수대에서
도 상투어를 읊으며 현실의 죽음을 느끼지 못하고 간다.

"입 닥쳐! 이 빨갱이 새끼야!"

송우석이 진짜 애국을 하려면 진실을 밝히라고 다그치자 차동영은 분노를 참지 못한다. 이전에 차동영은 안전기획부 대공분실 건물을 찾아낸 송우석을 패대기치고 말했다.

"나 같은 사람들이 목숨 걸고 빨갱이 잡아주니까

당신 같은 놈들이

뜨신 밥 처먹고 발 뻗고 주무시는 거야.

알겠어?

집에 가서 곰곰이 생각해 봐.

우리 같은 사람이 얼마나 고마운 사람인가,

당신이 할 수 있는 애국이 뭔가."

세상이 바뀌어 차동영을 법정에 세우면 뭐라고 할까? 아마 '빨갱이' '애국'이라는 상투어를 쓸 것이다. 상투어는 차동영이 죄 없고 선량한 국민을 고문해도, 정권을 찬탈한 군인들의 하수인 역할을 해도 가책을 느끼지 않게 만든다.

'빨갱이' '애국'을 입에 달고 다니는 사람은 차동영만이 아니다. '빨갱이 변호사 출입 금지' '불순 세력 척결하자!' 송우석이 법원에 들어서자 피켓을 든 아저씨들이 차로 달려든다. 송우석에게 달걀을 던지는 아저씨도 있다. 아저씨들은 법정 좌석을 몽땅 차지하고 피고의 부모들도 들어오지 못하게 막는다.

아렌트는 그들을 '폭민(mob)'이라고 부른다. 폭민은 조직되지 않은 거대한 폭력 군중이다. 법정 좌석을 차지한 이들이야 어디선가 일당을 받는지도 모르지만 폭민의 범위는 넓다.

나치 정권 같은 전체주의 정권 아래서 대중은 폭민이 된다. 폭민은 어떤 계급이나 정당이나 조합에 소속되지 않고 모래처럼 서로 떨어져 사회를 떠다닌다. 전체주의 정권은 폭민에게 역사의 주체라는 허위의식을 심어준다. 덕분에 폭민은 똑같은 의견을 한목소리로 말한다.

아렌트는 폭민을 '파블로프의 개'라고도 부른다.

러시아 생리학자 이반 파블로프(I. Pavlov)가 실험한 개는 음식을 줄 때마다 종소리를 들려주면 음식 없이 종소리만 들려줘도 침을 흘린다. 폭민은 파블로프의 개처럼 어떤 신호만 받으면 '빨갱이' '애국'을 내뱉는다.

폭민도 생각하는 능력이 없다. 상투어에 물들어 있다. 술자리에서도 평생 '빨갱이' '애국'이 안주다. 나치 정권 아래 독일 대중이 폭민이었고 박정희 정권과 전두환 정권을 지지한 우리나라 사람들이 폭민이었다.

1987년 박종철 추모 집회에서 불법 시위 주동으로 붙잡힌 송우석에게 검사가 묻는다.

"피의자는 법조인인데
실정법까지 위반하고,
이건 심하다고 생각하지 않으십니까?"

"법조인이니까 그런 겁니다.
시민의 기본적인 권리조차 옹호할
아무런 법률적 방법이 없는
이런 상황에서
법조인이 맨 앞에 서야지요.
그게 진짜 법조인의 의무지요."

폭민이 되지 않으려면 생각해야 한다.

남의 위치에서 생각해 남을 조금이나마 이해해야 폭민이 되지 않는다. 시민의 위치에서 생각하고 국민의 위치에서 생각해 시민이, 국민이 곧 국가라고 이해해야 개념인이 된다. 그래야 악의 평범성에서 벗어날 수 있다.

가족, 친구, 다른 성, 동남아시아인, 동성애자, 장애인, 반려동물, 기계, 자연, 바이러스의 위치에서도 생각해야 한다. 지구 위에서 생명의 역사 약 35억 년 동안 생존한 바이러스가 생존한 지 500만 년도 안 된 인간을 얼마나 우습게 여기는지 바이러스의 위치에서 생각해야 한다. 그래야 바이러스의 평범성도 벗어날 수 있다.

그랜 토리노 Gran Torino, 2008

감독: 클린트 이스트우드 출연: 클린트 이스트우드 외

"이런 짓들만 안 하면
그랜 토리노는 네 거다"

∞

미국 영화관에 가보면 노인 관객이 많다. 그러니까 노인이 주인공인 영화도 많다. 우리나라 영화관에도 노인 관객이 많아지고 있다. 하지만 우리나라는 배우가 나이 들면 영화 주인공을 맡기 어렵다. 특히 나이 든 여성 배우가 주인공인 한국 영화는 몇 편밖에 기억나지 않는다. 나문희의 〈아이 캔 스피크〉, 예수정의 〈69세〉, 윤여정의 〈미나리〉….

클린트 이스트우드는 다가오는 2023년 6월에 93세가 된다. 2021년에 나온 〈크라이 마초〉에서 제작, 감독, 주연을 맡았다. 한때 미국 공화당 당원이었고 보수의 모범으로 불리지만 민주당 지지자들과 진보 영화인들에게도 존경받고 있다. 그는 오픈 마인드로 전쟁 반대, 낙태 합법화, 총기 규제 강화를 지지한다. 동성 결혼 지지 등 성 소수자와 사회 약자의 인권을 존중하는 활동도 열심히 한다.

〈그랜 토리노〉는 미국에 사는 몽족에 대한 관심과 존중을 담고 있다. 몽족은 베트남, 라오스, 태국, 중국 등에 사는 묘족계 소수 민족이다. 〈그랜 토리노〉는 한국전쟁 참전용사 월트 코왈스키와 몽족 10대 소년 타오 방 로어가 친구 먹는 남 이야기다.

어떤 남이 진짜 친구일까?

"이제 마지막 유품입니다.

다시 말하지만 유언장에 사용된 표현에 양해를 구합니다.

전 그냥 있는 대로 읽는 겁니다.

'1972년형 그랜 토리노를 받을 사람은 내 친구, 타오 방 로어.

단 멕시코 놈들처럼 지붕 뜯어내지 말고

백인 촌놈들처럼 웃긴 불꽃 그려 넣지 말고

다른 얼간이들 차처럼 꽁무니에다

동성애자 같은 큰 스포일러를 달지 마라.

이런 짓들만 안 하면 네 거다!"

<그랜 토리노>에서 월트가 타오에게 공구를 사주는 모습

옆집에 사는 타오의 누나 수 로어가 월트에게 말한다. "타오가 몸
으로 때우려고 왔어요. 거절하면 우리에겐 모욕이에요."

몽족 갱들의 강요로 월트의 그랜 토리노를 훔치려다가 실패한 타
오는 첫날 나무에 있는 새들 세는 일을 한다. 타오는 둘째 날 자기를
좀 더 쓸모 있는 일에 부려먹으라고 말한다. 월트는 길 건너 앞집을
수리하는 데 타오를 쓴다. 몽족 갱들이 계속 월트와 타오의 집 주변
에 얼씬거린다.

"쌀자루에 연장 갖고 다니려고?
첫 월급 타면 갚아."

월트는 건설 현장 소장에게 타오를 소개하고 공구도 사준다. 〈그랜 토리노〉의 명장면이다.

타오가 일하고 돌아오는 길에 다시 몽족 갱들이 나타나 얼굴을 담뱃불로 지진다. 월트가 타오의 얼굴을 보고 몽족 갱 한 녀석을 패고 다신 타오를 건드리지 말라고 윽박지른다. 밤에 차 한 대가 오더니 타오의 집을 향해 기관총을 난사한다. 월트가 달려가 보니 수가 없다. 수는 피투성이가 되어 돌아온다.

월트는 마당 잔디를 깎고 머리도 깎고 양복을 맞춘다. 교회 신부를 찾아가 죽은 아내의 소원이었지만 극구 마다한 고해도 한다. 월트가 타오를 지하실로 데려가 박스를 닫으라 하고 먼저 올라가 지하실 철문을 잠근다. 월트가 갱들의 집 앞에 서 있다. 오른손을 점퍼 주머니에 넣어 담배를 꺼낸다. 갱들이 총을 꺼내 겨눈다. 월트가 엄지와 검지로 총 모양을 만들어 갱들을 하나하나 겨눠 쏘는 시늉을 한다. 그리고 입에 담배를 문다. 마을 사람들이 지켜본다.

"불 있나?"

"노망났군."

"없다구? 난 불이 있지.
은총의 성모시여."

월트가 오른손을 천천히 점퍼 안주머니로 넣는다. 그리고 마치 총을 꺼내듯이 확 뺀다. 갱들이 일제히 총을 쏜다. 월트가 쓰러진다. 오른손 안에 라이터가 있다. 갱들이 줄줄이 경찰차에 오른다.

가처분 시간을 써서
친구가 된 사이

∞

카를 마르크스(K. Marx)가 이상 사회를 묘사한다. "오전에만 일하고 오후엔 책 읽고 낚시하고 자기계발하고…."

공산주의 사회의 모습이라고 알려진 말이다. 선입견을 버리고 보면 오전에만 일하고 오후에는 논다는 뜻이다. 오전에만 일해도 먹고 살 수 있다는 뜻이다.

> "12시간이 아니라 6시간의 노동이 이루어질 때 한 민족은 진실로 부유하다. 부는 잉여 노동 시간의 지휘가 아니라 개인과 전체 사회를 위해 직접 생산에 사용되는 시간 이외의 가처분 시간이다."
>
> ─『정치 경제학 비판 요강 II』 382쪽

요즘으로 치면 여덟 시간이 아니라 네 시간만 일해도 먹고살 수 있는 나라가 부자 나라다. 잉여 노동 시간은 노동자가 생산한 가치

중 가족이 먹고사는 데 필요한 것 이상의 가치를 생산하는 데 드는 시간이다.

예를 들어 내가 100시간 들여 만든 1천만 원짜리 자동차에서 내 가족이 먹고사는 데 필요한 돈이 600만 원이라면 나머지 400만 원의 가치를 만드는 데 드는 시간, 즉 40시간이 잉여 노동 시간이다. '잉여 노동 시간의 지휘'는 이윤을 얻는다는 뜻이다.

'가처분 시간', 내가 마음대로 쓸 수 있는 시간은 사장님이 얻는 이윤이 얼마인가에 달려 있다.

사장님이 400만 원의 이윤을 몽땅 가지면 나는 40시간을 일해야 한다. 그러나 사장님이 이윤을 한 푼도 가지지 않으면 나는 40시간을 마음대로 처분할 수 있다. 이 경우 나는 하루 여덟 시간이 아니라 약 다섯 시간만 일하고 나머지 세 시간은 책 읽고 낚시하고 자기계발하는 데 쓸 수 있다.

사장님이 이윤을 200만 원만 가지면 나는 20시간을 마음대로 처분할 수 있다. 나는 하루 약 한 시간 반을 자기계발하는 데 쓸 수 있다. 마르크스에 따르면, 하루 여덟 시간 일하지 않고 다섯 시간에서 여섯 시간 반만 일하고 한 시간 반에서 세 시간을 자기 마음대로 처분하며 자기계발에 쓸 수 있는 사람이 진짜 부자다.

월트는 자기 마음대로 쓸 수 있는 시간이 온종일이다. 은퇴하고 연금으로 생활한다. 50년 동안 포드 자동차 회사에서 열심히 일한 덕분이다.

월트는 51년째부터 죽을 때까지 자기 마음대로 처분할 수 있는 시간을 벌었다.

월트는 가처분 시간을 써서 타오와 친구가 된다. 월트는 첫 만남에서 점퍼케이블을 빌리러 온 타오를 냉대한다.

그다음 의도한 건 아니지만 타오를 강제로 데려가려는 몽족 갱들에게서 구해준다. 그러나 그랜 토리노를 훔치려 한 일을 사과하는 타오에게 월트는 섬뜩한 경고를 날린다.

"또 내 집 근처에 얼씬거렸다간 뼈도 못 추려."

타오의 집에 초대받은 월트는 유아에게 말도 걸지 못하는 타오를 자극한다. "처음 봤을 때부터 구제불능인 건 알았지만 차 훔칠 때보다도 여자관계에선 더 형편없구나."

월트는 타오와 함께 유아와 수를 초대해 바비큐 파티를 한다.

"넌 여기까지 힘들게 왔어.
너랑 친구가 되어 자랑스럽다."

월트는 타오를 지하실에 가두고 혼자 몽족 갱에게 보복하러 간다.

월트도 변하고
타오도 변한다

∞

월트와 타오가 사는 디트로이트는 인종차별이 뒤죽박죽이다. 흑인이 백인과 동양인을 차별하고 백인이 몽족을 차별한다.

멕시코인들과 몽족이 서로 차별한다. 타오가 책을 읽으며 걸어가는데 멕시코인들이 차로 다가와 놀린다. "『멍청이 잭과 쌀나무』 읽냐?" "어딜 가나 동양놈들이 있다니까." "가서 벼나 심어." 그 모습을 보고 몽족이 멕시코인들에게 시비를 건다. "너희들 여기서 뭐 해? 너 괴롭혔어? 망할 자식들."

수가 백인 친구와 걸어가다가 흑인 양아치들에게 걸린다. 백인 친구는 쫄지만 수는 대차다. "또 동양 여자한테 침 흘리는 멍청이냐? 그게 언제 적 유행인데." 흑인들이 수를 툭툭 치고 위협한다.

타오는 몸으로 때우러 갔다가 월트가 나무에 있는 새들 세는 일이나 시키는 걸 인종차별로 받아들인다. 월트가 수학을 잘하는 아시아인을 새들 수나 잘 세는 사람으로 놀리는 건 아시아인이 밀이 아니라 쌀을 먹는다고 놀리는 것과 같은 인종차별이다.

"부는 이미 된 것에 머무르려 하지 않고 생성의 절대 운동 속에 있는 것이 아닌가?"

　　　　　　　　　　　　　　　　　　　　　－『정치 경제학 비판 요강II』 113쪽

진짜 부자는 가처분 시간이 많은 사람이다. 가처분 시간 동안 이미 된 것에 머무르면 안 된다. 생성의 절대 운동 속에 있어야 한다. '생성의 절대 운동'은 계속 변화하고 변신한다는 뜻이다.

월트는 온종일 있는 가처분 시간을 써 타오와 친구가 되면서 변신한다. 친자식들에게도 무뚝뚝하기 짝이 없는 월트는 여전히 퉁명스럽지만 타오에게 여자친구를 놓치지 말라고 조언한다.

월트는 몽족 이웃과 원수질 것 같더니 어린 몽족 친구를 위해 목숨을 바친다. 그랜 토리노를 훔치려 한 타오를 잡아먹을 듯하더니 타오에게 그랜 토리노를 물려준다. 월트는 끊임없이 변신한다. 월트가 진짜 부자다.

월트만 변하는 게 아니다. 타오도 변한다. "몽족 여자애들은 대학에도 가는데 남자애들은 감옥에 가죠." 수의 말이다. 월트가 무슨 일을 하고 싶냐고 묻자 타오는 판매직을 생각하고 있다고 대답한다. "판매직? 큰아들이 그거 해. 총만 안 든 강도지."

월트는 자기가 한 생산직을 좋아한다. "판매직을 좋아한다면 학교에 들어가겠군?" "네, 근데 학비가 문제예요." "벌면 되지. 평생 내 뜰에서 흙만 뿌리고 있을 순 없잖냐."

월트는 타오를 건설판 생산직에 소개한다. 타오는 생산직에서 번 돈으로 학교에 들어가 공부한 뒤 판매직을 하거나 월트처럼 계속 생산직을 할 것이다. 타오는 월트와 친구가 된 덕분에 감옥 대신 학교나 직장에 갈 것이다.

마르크스의 눈으로 보면 진짜 친구는 나를 진짜 부자로 만드는 사람이다. 진짜 부자는 가처분 시간이 많고 가처분 시간을 사용해 끊임없이 변신한다. 그러면 남도 변하게 할 수 있다.

타오는 월트가 몽족을 바라보는 눈을 바꿔주고 그토록 마다한 고해성사도 하게 해준다. 월트에게 타오가 진짜 친구다. 월트는 타오, 수와 몽족 이웃을 사귀면서 타오가 감옥에 들어가지 않는 길을 열어준다. 타오에게 월트도 진짜 친구다. 그랜 토리노는 덤이다.

가족은 내가 아니라 남이라니까

〈007 노 타임 투 다이〉
〈대부 2〉

'007'은 영국의 국가대표 영화 시리즈다.

2012년 제30회 런던 올림픽 개막식 때 다니엘 크레이그는 007 제임스 본드로 분해 버킹엄 궁전에서 엘리자베스 2세를 모시고 헬리콥터에 탑승한다. 그리고 올림픽 주경기장 위에서 여왕과 함께 낙하산을 메고 뛰어내린다.

영국엔 여왕이 있고 007이 있고 비틀즈가 있다. 비틀즈의 폴 매카트니는 선수, 관중 약 10만 명과 함께 〈헤이 주드〉의 "나 나 나 나나 나나~"를 떼창하며 런던 올림픽 개막식의 대미를 장식했다.

007 시리즈는 전 세계에서 가장 유명한 스파이 영화다. 1962년 생이고 2022년 60주년을 맞았다.

007 노 타임 투 다이 007 No Time To Die, 2021

감독: 캐리 후쿠나가 **출연:** 다니엘 크레이그, 라미 말렉, 라샤나 린치, 레아 세이두 외

그러나 〈007 노 타임 투 다이〉는 패밀리 영화다. 스물다섯 편의 007 시리즈 중 처음이다. 그것도 정통 패밀리 영화다.

독일 철학자 헤겔은 처음엔 신상이었지만 이젠 올드한 정통 가족관을 세웠다. 헤겔의 정통 가족관은 세 가지 핵심 내용을 가진다.

"가족은 사랑의 결실이고 인격의 산실이며 국가의 초석이다."

최고 스파이 영화의 최신 버전, 〈007 노 타임 투 다이〉가 패밀리 영화로 성공한 비결이다.

헤겔은 가족을 인류 공동체의 첫 단계로 본다. 인류는 개인들을 고립된 원자들로 보지 않고 남과 관계를 맺는 존재로 볼 때 성립하는 윤리다.

개인을 원자로 보면 이기심을 최대한 허용해야 한다. 그러나 인류는 개인에게 적당한 이기심으로 남과 관계를 맺어 좋은 공동체를 만들기를 요구한다.

가족은 사랑을 구현하는 남과 나의 통일이다. 가족을 낳는 사랑은 자연 정서에 가깝지만 두 인격이 자유롭게 동의한 상호 인정이다. 가족은 대등한 인격이 만나 서로 인정하며 이룰 뿐 아니라 자녀를 낳아 인격으로 키운다.

헤겔은 키움을 '빌둥(Bildung)'이라고 부른다. 도야, 배양, 교육을 의미한다.

빌둥은 타고난 의식을 성숙한 정신으로 갈고닦는 것이다. 빌둥은 학교뿐 아니라 가족 안에서도 이뤄진다. 그래서 가족은 인격의 산실이다.

그러면 자녀는 좋은 시민으로 자란다. 가족의 역할은 자녀가 자유로운 인격을 갖추고 시민으로 자립하게 만드는 것이다. 시민으로 자립한 자녀는 다시 가족을 만들어 시민을 기를 것이다. 그래서 가족은 국가의 초석이다.

사랑의 결실, 인격의 산실,
국가의 대들보

∞

제임스 본드는 본래 프리 섹스주의자다. 본드걸들은 여성 성(性) 상품화의 대명사다. 본드의 탄생기를 그린 〈007 카지노 로얄〉은 본드가 왜 자유로운 영혼이 되었는지 보여준다.

본드는 첫 미션을 수행하다가 베스퍼 린드와 사랑에 빠져 영국 비밀정보국 MI6에서 퇴직한다. 그러나 베스퍼에겐 이미 남자친구가 있다. 베스퍼는 인질이 된 남자친구를 구하고자 본드가 도박에서 딴 막대한 자금을 범죄 조직 스펙터의 미스터 화이트에게 넘긴다. 베스퍼는 물속에서 본드가 건네는 구출의 손길을 애절하게 물리치고 죽음을 맞는다. 본드는 진지한 사랑과 인연을 끊는다.

말짱 도루묵이다. 〈007 스펙터〉에서 스펙터에 등을 돌린 미스터 화이트가 본드에게 정보를 주고 권총 자살한다. 본드는 약속대로 미스터 화이트의 딸 마들렌을 보호해주려고 만났다가 사랑에 빠진다. 〈007 노 타임 투 다이〉에서 본드는 베스퍼에게 마지막 작별을 고하러 마들렌과 함께 이탈리아로 향한다. 본드는 베스퍼의 묘에서 폭탄 테러를 당하자 마들렌을 의심하고 헤어진다. 다시 말짱 도루묵이다. 5년 뒤 본드는 스펙터를 괴멸한 류치페르 사핀의 기지를 알아내려고 마들렌과 만나 다시 사랑에 빠져 마들렌의 딸 마틸드를 본다. 마들렌은 당신 딸이 아니라고 하지만 본드가 말한다.

"하지만 저 파란 눈은…"

마들렌은 본드에게 의심받고 차였지만 딸을 낳아 혼자 길렀다. 그리고 본드에게 딸이 아니라고 거짓말하면서 혼자 기를 생각이다. 마들렌은 본드에게 인정받지 못했지만 본드를 인정하고 딸을 낳아 반쪽이나마 가족을 이뤘다.

그리고 본드가 돌아와 마들렌, 마틸드와 가족을 완성한다. 가족을 얻은 본드는 마들렌을 절실히 인정하고 사력을 다해 마들렌과 마틸드를 지킨다. 마들렌과 본드가 나눈 마지막 대화다.

"독에 중독되었군요.
방법이 있을 거예요.
시간만 더 있으면."

"당신에겐 얼마든지
시간이 있어."

"사랑해요."

"나도 사랑해."

"앤 당신 눈을 닮았어요"

"알아."

〈007 노 타임 투 다이〉의 명장면이다.

본드의 가족은 사랑의 결실이고 인격의 산실이며 국가의 대들보다. 본드는 사핀의 계략으로 손만 대도 마들렌과 마틸드가 죽는 생화학 나노봇 바이러스에 감염되자 죽음을 선택한다.

본드는 국가와 세계를 위협하는 사핀의 생화학 바이러스 기지를 날리는 영국 미사일에 폭사한다. 딸의 애착 인형 두두를 옆구리에 차고 딸의 파란 눈을 그리며.

마들렌은 마틸드와 함께 본드카 애스턴 마틴을 타고 본드와 추억이 있는 이탈리아로 향한다. 빌둥이 시작된다.

"마틸드,
이야기 하나 해줄게.
어떤 사람에 대해서.
그의 이름은 본드,
제임스 본드"

딸이 방긋 웃는다.

〈007 노 타임 투 다이〉에서 본드가 폭사하기 직전 모습

가족은 유전자로 확인한다. 본드는 마틸드가 자신의 딸이라는 걸 파란 눈을 보고 안다. 마틸드의 파란 눈은 눈 색깔을 결정하는 유전 자가 홍채 기질에 소량의 멜라닌 색소를 함유하게 하면 생긴다.

사람의 몸은 약 50조 개의 세포를 가지고 있다. 처음엔 엄마의 난 자와 아빠의 정자가 만난 수정란 한 개다. 염색체는 정자와 난자가 스물세 개씩 있지만 수정란부터 몸 세포에는 스물세 쌍씩 있다. 유 전자는 염색체 속에 들어 있다.

수정란 한 개가 두 개, 네 개, 여덟 개, 열여섯 개로 늘어나 50조 개가 된다. 세포가 늘어날 때마다 유전자는 자기와 똑같은 유전자를 복제하고 또 복제한다. 그래서 생물학자 리처드 도킨스(R. Dawkins) 는 유전자가 이기적이라고 말한다.

━━━━━━━━━━ 대부 2 The Godfather: Part II, 1974 ━━━━━━━━━━

감독: 프란시스 포드 코폴라 출연: 알 파치노, 로버트 드 니로 외

이기적 유전자에
대하여

∞

마이클의 아버지인 비토 콜레오네의 아버지가 시실리에서 마피아 보스 치치를 모욕했다고 죽임을 당한다. 형 파올로가 아버지의 장례식에 나타났다가 죽고 엄마는 치치에게 비토만은 살려달라고 부탁하러 갔다가 죽는다. 비토는 뉴욕으로 도망친다. 1917년 뉴욕에서 비토는 동네 악질 보스를 암살하고 새 보스로 성장한다.

마이클의 침실로 기관총 세례가 쏟아진다. 겨우 목숨을 건진 마이클은 의형 톰에게 전권을 맡기고 자기를 겨냥하는 내외부 세력을 밝히고자 집을 떠난다.

마이클은 경쟁 조직의 보스 로스와 만나 동업을 약속한다. 로스의 부하 올라가 마이클의 작은 형 프레도에게 전화를 걸어 도와달라고 말한다. 마이클은 프레도가 침실 기관총 공격에 연루되어 있다는 걸 직감한다. 마이클은 쿠바 하바나에서 프레도를 만나 로스가 자기를 죽이려 한다고 알린다. 프레도가 마이클 일행을 하바나의 비밀 클럽에 데려간다. 일행이 프레도에게 어떻게 이런 곳을 알았냐고 문자 프레도가 무심결에 대답한다.

"자니 올라가 데려와줘서 알았죠.
로스 씨는 이런 데 안 오는데
자니는 속속들이 꿰고 있더라고요"

마이클이 부하에게 눈으로 지시한다. 부하가 올라를 죽이고 로스도 병원에서 죽이려다가 실패한다. 쿠바 대통령 궁 새해맞이 파티에서 마이클이 프레도의 얼굴을 꽉 붙잡고 말한다. 〈대부 2〉의 명장면이다.

"형 짓인 거 다 알아.
그래서 더 마음이 찢어질 것 같아."

〈대부 2〉에서 마이클이 작은 형 프레도에게 "형 짓인 거 다 알아."라고 말하는 모습

일벌은 침입자가 있으면 가미카제 폭격을 한다. 일벌의 침은 산란 관이 변형된 것이고 내장과 연결되어 있다. 일벌은 침 끝에 낚싯바 늘처럼 거꾸로 난 갈고리가 있어서 침을 찔렀다 빼면 내장도 딸려 나와 죽는다.

일벌은 모두 암컷이고 여왕벌의 페로몬 때문에 불임이다. 일벌이 지키는 알은 모두 여왕벌이 낳는다. 일벌은 자기 자식도 아닌 시스 터 여왕의 자식을 구하고자 목숨을 내놓는다. 이타적 행동처럼 보인 다. 그러나 도킨스에 따르면 일벌의 가미카제 폭격도 유전자 차원에 선 이기적이다.

사람의 유전자는 엄마와 아빠에게 반씩 물려받기 때문에 엄마 아빠와 유전자 친밀도가 50%다. 형제자매 사이의 유전자 친밀도 도 50%다. 그러나 수벌은 여왕벌에게서만 유전자를 받고 유전자를 한 벌만 가진 독특한 종이기 때문에 형제 사이의 유전자 친밀도가

100%다. 여왕벌은 이 수컷 중 하나와 교미해 알을 낳는다. 수정된 알은 여왕벌에게 반의 유전자를 받고 수벌에게 반의 유전자를 받는다. 그래서 알과 여왕벌의 유전자 친밀도는 사람과 같이 50%다.

일벌은 친밀도 100%인 수벌에게 절반의 유전자를 받고 친밀도 50%인 여왕벌에게 절반의 유전자를 받기에 자매 사이의 친밀도가 75%다. 수정된 알이 자라 일벌이 된다. 그래서 알은 일벌과 유전자 친밀도가 75%이고 여왕벌보다 25% 더 높다. 일벌이 침입자에게 가미카제가 되는 이유도 자신을 보존하려는 이기적 유전자 때문이다.

"생판 모르는 남을 위해 목숨 거니까
정신 나간 놈들이지.
나라가 혈육보다 중요하냐?
그럼 학교 때려치우고 입대해."

"했어. 나 해병대 지원했어."

1941년 12월 7일 일본이 하와이 진주만을 공습한 날 큰 형 산티노와 마이클이 나누는 대화다. 산티노는 혈육을 위해 목숨을 거는 건 이해할 수 있어도 나라를 위해 목숨을 거는 건 이해할 수 없다. 유전자가 같으면 목숨을 걸고서라도 보호해야 하지만 유전자가 다르면 죽어도 되고 죽여도 된다.

이 자리에는 프레도, 톰, 여동생 코니, 코니의 남편 카를로도 있다. 이 가운데 산티노와 카를로는 죽는다. 산티노는 여동생을 때린 매부 카를로를 패러 가다가 기관총 세례를 받고 죽는다. 카를로는 산티노를 유인한 덕분에 아들이 세례를 받은 날 아들의 대부 마이클의 명령으로 부하 클레멘자가 죽인다.

마이클과 산티노는 형제니까 유전자 친밀도가 50%다. 마이클과 카를로는 먼 조상이 같다면 유전자 친밀도가 0은 아니다. 그러나 예를 들어 먼 조상이 10세대 위라면 유전자 친밀도는 50%, 25%, 12.5%, 6.25%로 계속 줄어 10세대까지 내려오면 0.09765625%, 약 0.1%다. 0에 가깝다.

마이클은 여동생 아들의 대부가 되는 날 친부를 죽인다. 유전자가 같아야 죽이지 않는다.

영화에는 누이를 보호하려다가 목숨을 잃는 오빠는 있지만 질녀나 조카를 위해 목숨을 바치는 삼촌은 없다. 현실에는 지하철 선로에 떨어진 조카를 구하다가 죽은 삼촌이 있다. 자기도 아니고 자기 자식도 아닌데 목숨을 거니까 이타적 행동이라고 평가받는다.

그러나 도킨스의 계산법으로 보면 이기적 유전자 탓이다. 조카와 삼촌은 유전자 친밀도가 25%다. 유전자 차원에서 보면 삼촌은 자기 유전자를 조금이라도 보존하고자 지하철 선로에 뛰어든다.

역사와 가족에게 배운
문화 유전자로

∞

마이클은 친형을 죽인다. 엄마가 살아 있는 동안에는 차마 죽이지 못하지만 엄마가 죽자 엄마의 자식을 죽여버린다. 아빠에게 배운 대로 죽이기 전에는 죽이지 않는다고 믿게 만든다. 마이클은 엄마의 장례식에서 코니의 간청으로 프레도를 품에 안는다. 그때 마이클은 오른팔 부하 알의 얼굴을 본다. 얼마 뒤 알이 낚싯배에서 프레도의 뒤통수에 총을 쏴 죽인다. 〈대부 2〉의 또 다른 명장면이다.

도킨스에 따르면 사람은 이기적 유전자, 진(gene)의 명령대로 살지 않는다. 진의 명령에 거역할 수 있는 밈(meme), 문화 유전자가 있기 때문이다. 생물 유전자는 유전자를 보존하고 확산하고자 결혼해서 자식을 낳거나 딴살림을 차려서라도 자식을 낳으라고 명령한다.

그러나 사람은 독신으로 살 수 있다. 독신이 결혼보다 더 좋다는 문화 유전자가 있기 때문이다. 사람의 생각과 행동도 동물과 마찬가지로 이기적 유전자의 명령에 대체로 부합하지만 때론 거역할 수 있다. 그러니까 사람이다.

마이클은 문화 유전자 때문에 생물 유전자를 버린다. 마이클은 프레도를 죽이지 않으면 알에게 목숨 걸고 충성하라고 요구할 명분이 없다. 생물 패밀리보다 조직 패밀리가 더 중요하다는 게 마피아의 밈이다. 생물 유전자가 같아도 죽인다. 사람이 아니다.

"당신 아들을 낳기 싫었어요.

당신은 죽어도 날 용서하지 못하겠죠?

2천 년 이어온 그 잘난 시실리의 자존심 때문에

용서가 되겠어요?"

케이가 마이클에게 애정이 털끝만큼도 남아 있지 않다며 유산한
게 아니라 낙태했다고 말한다. 마이클은 케이에게 싸대기를 날린다.
자기는 친형도 죽이면서 태아를 죽인 아내를 팬다. "애들은 못 데려
가." 마이클은 이혼한 케이가 딸아들을 보고 싶어 몰래 집에 찾아오
자 문을 닫는다.

"오랫동안 오빠를 많이도 미워했어.

내가 자학한 건

오빠를 다치게 할 수도 있다는 걸

보여주려고 그런 것 같아.

오빠도 아빠처럼

가족을 위해

강해지려고 한 것뿐이잖아.

내가 오빠를 용서할게.

오빠도 프레도

오빠를 용서해주면 안 돼?"

마이클은 코니의 간청을 받아들이는 척한다. 그리고 곧바로 배신자들을 죽이는 계획을 실행한다. 경계가 삼엄한 격리 시설에 있는 배신자 펜탄젤리에게 톰을 보내 시실리에 있는 그의 형을 살리는 대가로 자살하게 만든다.

용서의 문화 유전자는 없을까? 없다. '용서는 없다'라는 문화 유전자는 있다.

비토는 어른이 된 뒤 끝내 아빠, 엄마, 형을 죽인 치치를 찾아가 죽인다. 마이클은 쿠바에서 로스를 죽이려다가 실패하지만 끝내 미국으로 돌아오는 공항에서 죽인다.

"못 죽일 사람은 없다."

마이클은 역사가 가르쳐준 거라고 말한다. 마이클은 역사에서도 배우고 아빠에게서도 배운다.

큰형 산티노를 죽인 경쟁 조직의 보스 바지니와 회의를 주선하는 자가 배신자라는 아빠의 가르침 덕분에 황천길로 가는 대신 바지니와 배신한 부하 테시오를 죽인다. 마이클은 이기적 생물 유전자 덕분이 아니라 역사와 가족에게 배운 문화 유전자 덕분에 생존과 살인의 달인이 된다.

가족은 내가 아니라
남이라니까

∞

가족은 내가 아니다, 남이다. 가족은 제임스 본드나 산티노처럼 목숨 바쳐 지키는 남일 수도 있지만 마이클이나 프레도처럼 목숨을 빼앗는 남일 수도 있다. 마이클이나 프레도처럼 가족을 죽이거나 죽이려는 사람은 드물다.

그러나 가족을 죽이지 않더라도 해치는 사람은 흔하다. 평생 가족의 몸과 마음에 상처 한 번 주지 않고 사는 사람은 없다. 하물며 가족도 아닌 남이면 어떨까?

'세계 가치관 조사(World Values Survey)'라는 국제 비영리 기구가 있다. 사회과학자들이 같은 이름으로 여러 나라 사람들의 가치관을 조사한다. '남에 대한 관용과 존중' 항목의 설문은 다음과 같다.

"집에서 자녀에게 가르쳐야 할 항목으로 남에 대한 관용이나 존중을 특별히 중요한 것으로 여기십니까?"

2017~2020년 조사 결과를 보면, 우리나라는 '중요하다'라고 대답한 사람이 50.8%로 51개국 평균 62.9%보다 12.1% 낮다. 가장 높은 독일은 84%이고 가장 낮은 타지키스탄은 40.0%다. 뉴질랜드 82.7%, 호주 79.7%, 이집트 78.1%, 이라크 72.2%, 미국 70.8%, 홍

콩 69.8%, 말레이시아 69.0% 등이다. 우리나라보다 점수가 낮은 나라는 많지 않다. 베트남 46.3%, 그리스 45.9%, 인도네시아 45.1%, 이란 40.5% 정도다.

내 자녀가 남이 자기와 달라서 차별한다고 가정해보자. 남성이면 여성을 차별하고 이성애자면 동성애자를 차별하며 아시아인이면 흑인을 차별하고 기독교인이면 무슬림을 차별하면 어떻게 될까? 전 세계에서 내 자녀가 살 수 있는 곳은 아주 좁아진다.

내 자녀도 나처럼 살면 된다고 생각할지 모른다. 내 자녀도 남을 존중하는 법을 가르치지 않겠다는 나처럼 한국에서 떵떵거리며 잘 살 수 있을까? 남을 존중하지 않는 갑질은 부메랑이 될 수 있다.

남을 존중하는 법은 빌둥이 필요하다. 내가 가족뿐 아니라 가족 아닌 남도 존중하는 모습을 내 자녀에게 보여줘야 한다. 가족만 존중하고 가족 아닌 남은 존중하지 않아도 된다고 가르치면 갑질의 부메랑은 내 가족에게 돌아온다. 다른 가족도 똑같이 가르칠 확률이 50.8%나 되니까. 게다가 가족만 존중하고 가족 아닌 남은 존중하지 않아도 된다고 배운 내 자녀가 나를 죽을 때까지 존중할까?

가족은 남이라니까.

동물도 공감할 수 있으면 좋겠는데

〈그랑블루〉

동물의 왕국에선 생식 능력이 없어지면 곧 죽음이 온다. 연어는 험한 물살과 싸우며 강 상류의 고향으로 돌아와 암컷이 둥지에 난자를 낳고 수컷이 그 위에 정자를 방출하면 시체로 둥둥 뜬다.

고양이, 개 등 대부분의 동물 암컷은 폐경이 없다. 죽을 때까지 생식 능력을 보유한다.

거꾸로 생식 능력이 다하면 죽는다. 암컷 사마귀가 교미 중에 수컷을 머리부터 아작아작 씹어 먹으면 수컷의 페니스 운동이 격렬해진다. 죽으면서도 끝까지 생식한다.

큰돌고래는 인간, 범고래, 들쇠고래 외에 폐경기가 있는 유일한 종이다. 큰돌고래는 쉰 살까지 살 수 있고 마흔 살 정도에 폐경이 시

───── 그랑블루 The Big Blue, 1988 ─────

감독: 뤽 베송 **출연:** 장 르노 외

작된다. 그래서 큰돌고래는 인간처럼 딸, 아들뿐 아니라 손녀, 손자
를 데리고 다니며 돌볼 수 있다.

　돌고래는 몸무게와 뇌 무게의 비를 의미하는 대뇌화지수가 침팬
지, 고릴라, 오랑우탄, 보노보 등 유인원과 비슷하고 인간에 가까워
매우 영리하다. 또 돌고래는 유인원과 마찬가지로 거울에 비친 제
모습이 자기인 줄 안다.

　유인원 말고 개코원숭이, 안경원숭이 등 원숭이는 거울에 비친 제
모습이 남인 줄 알고 대든다.

큰돌고래와 인간,
인간과 큰돌고래

◌◌◌

〈그랑블루〉는 인간이 큰돌고래와 바람피우는 영화다. 자크 마욜은 조안나 베이커와 처음 섹스한 날 바다에 들어가 암컷 큰돌고래와 밤새워 논다. 심지어 자크는 임신한 조안나를 버리고 큰돌고래와 바닷속으로 영원히 떠난다. 큰돌고래의 입장에서 생각해보면 〈그랑블루〉는 큰돌고래가 인간과 공감하는 영화다. 큰돌고래가 자기에 대한 자크의 사랑을 느끼고 자크를 사랑해 함께 물속으로 야반도주한다. 과연 큰돌고래에게 공감 능력이 있을까?

1965년 그리스 해안 절벽에서 자크가 물안경과 오리발을 들고 바다로 뛰어든다. 집으로 돌아오는 길에 마을 친구들을 만나 바닷속에서 반짝이는 동전을 건지려 하지만 엔조 몰리나리가 가로챈다.

1988년 보험 회사 직원 조안나는 페루 안데스산맥에 있는 언 호수에서 연구하는 로렌스 박사를 방문한다. 로렌스 박사는 크레바스에 떨어진 기계 장비를 대신해 자크를 호수에 넣어 실험하고 있다. 자크가 얼음물에서 나오자 조안나가 뜨거운 커피를 가져다준다.

프랑스 리비에라. 자크가 어느 풀에서 수영하다가 바닥에서 어릴 때 엔조가 가로챈 동전으로 만든 목걸이를 발견한다. "자크, 나의 친구, 잘 지냈어? 10일 후에 타오르미나에서 세계 챔피언 대회가 열려. 널 초청하고 싶어. 너라면 날 이길 수 있을 테니까." 조안나는 로

〈그랑블루〉에서 자크가 시실리 밤바다를 보며 자기가 풀어준 큰돌고래를 찾는 모습

렌스 박사에게 자크가 세계 잠수 챔피언 대회에 참가한다는 말을 듣고 보험 관련 일을 꾸며 시실리로 간다.

엔조가 자크의 잠수 기록을 깬다. 자크는 엔조, 조안나와 함께 타오르미나 돌고래 수족관에서 새 환경에 적응하지 못하는 암컷 큰돌고래를 훔쳐 바다에 풀어준다. 자크는 조안나와 첫 섹스를 하고 나서 밤바다를 보며 풀어준 돌고래를 찾는다. 돌고래가 점프로 자크에게 인사한다. 자크는 바다로 들어간다. 돌고래가 연속으로 점프하며 자크를 반기고 자크가 돌고래의 지느러미를 잡고 헤엄치며 논다. 물속에서 입도 맞춘다. 〈그랑블루〉의 명장면이다.

조안나가 해변으로 와 자크가 벗어놓은 옷을 입고 기다린다. 자크는 조안나와 첫 섹스를 한 날 밤새도록 돌고래와 바람을 피운다. 새벽이 되자 자크가 돌아온다. 조안나가 묻는다. "즐거운 밤이었나요?"

자크가 다시 엔조의 잠수 기록을 깬다. 400피트, 121.92미터다.

엔조가 의사의 경고를 무시하고 다시 도전하다가 자크의 품에서 숨을 거둔다. 자크는 유언대로 엔조를 물속으로 돌려보낸다. 자크는 심장 마비가 일어나고 전기 충격으로 겨우 살아난다.

조안나는 로렌스 박사에게 검사 결과를 듣는다. 임신이다. 자크는 환각 체험을 한다. 침대에서 눈을 뜨자 천장이 바다로 변하고 돌고래가 떼를 지어 헤엄친다. 자크는 막무가내로 바다에 나가 잠수 측정선에 불을 켜고 오리발을 신는다.

"난 가서 봐야 할 게 있어."

"뭘 본다는 거예요?
거긴 아무것도 없어요, 자크!
밑에는 어둡고 차가울 뿐이에요.
자크, 사랑해요. 나 임신했어요.
내 말 듣고 있어요?"

자크가 고개를 끄덕이며 한 손을 내민다. 조안나가 그 손을 잡고 운다. 자크는 잠수 밸러스트의 방출 밧줄을 조안나에게 건넨다. 조안나가 밧줄을 잡아당긴다.

"가세요. 가서 보세요, 내 사랑."

〈그랑블루〉에서 자크가 헤엄치는 돌고래들을 보는 환각 체험을 하는 모습

동물의 마음 이론과
공감 능력

∞

찰스 다윈(C. Darwin)은 『인간과 동물의 감정 표현』에서 동물에게 감정, 호기심, 주의, 기억, 상상, 이성, 언어, 자의식, 미감, 도덕감 등 모든 마음 능력이 조금씩이나마 있다고 말한다. 동물은 소리, 털의 융기, 몸의 부풀림, 귀를 쫑긋 세우거나 뒤로 눕히기 등으로 감정을 표현한다.

말은 떨어져 지낸 친구가 돌아오면 기뻐서 울부짖는다. 송아지는 엄마 소를 찾아 소리친다. 암양은 새끼 양을 찾아 운다. 짝짓기할 때 많은 수컷이 소리를 통해 암컷을 부른다.

동물마다 다른 방식으로 같은 감정을 표현하기도 한다.

개는 적대감을 표현할 때 귀를 쫑긋 세우고 머리를 들어 상대를

노려보며 목과 등의 털을 곤두세운 채 꼬리를 똑바로 세워 경직된 자세로 걷는다.

고양이는 적대감을 가지면 몸을 구부린 상태에서 앞발을 들고 발톱을 세운 채 돌진하려 하며 꼬리를 흔들거나 구부리고 귀를 위로 바짝 당긴다. 또 이를 드러내며 으르렁거리는 낮은 소리를 내기도 하지만 털을 곤두세우진 않는다.

말은 적대감을 가지면 귀를 뒤로 바싹 젖히고 머리를 앞으로 내밀어 앞니를 드러내 물어뜯을 태세를 취한다.

개코원숭이는 하품하는 것처럼 입을 크게 벌려 사나운 이빨을 보여준다.

사랑이나 기쁨을 표현할 때 개는 머리와 몸을 아래로 숙인 채 꼬리를 쭉 뻗어 양옆으로 흔들고 귀는 아래로 늘어뜨린다. 고양이는 똑바로 선 채 등을 조금 구부리고 꼬리를 수직으로 세우며 귀를 쫑긋 세우고 볼이나 옆구리를 주인에게 비빈다. 말은 머리와 귀를 세우고 히힝 거리며 참을 수 없으면 앞발로 땅을 툭툭 찬다. 침팬지는 입 가장자리를 뒤로 젖히고 인간처럼 아랫눈썹 밑에 주름이 생기며 으르렁거리는 '웃음'소리를 내지만 윗니를 드러내지 않는다. 그러나 검은원숭이처럼 웃을 때 윗니를 드러내는 종도 있다.

다윈이 옳다면 돌고래도 사랑, 기쁨, 적대감을 느끼고 표현할 수 있다. 타오르미나 돌고래 수족관에서 자크는 새로 온 암컷 큰돌고래가 먹지도 않고 움직이지도 않는 걸 본다. 자크는 돌고래가 향수병에 걸렸다고 생각한다.

자크는 돌고래에게 공감한다. 공감은 남의 감정을 똑같이 느끼는 것이다. 남이 기쁘면 나도 기쁘고 남이 슬프면 나도 슬픈 게 공감이다. 자크는 돌고래가 가진 바다에 대한 그리움의 감정을 똑같이 느낀다. 거꾸로 돌고래는 자크에게 공감할 수 있을까?

다윈은 동물에게도 공감 능력을 허용한다. 야생의 말이나 소는 적을 처음 발견하면 다른 동료에게 몸짓으로 위험을 알린다. 야생의 말들이나 소들은 적을 처음 본 말이나 소가 나타내는 몸짓을 보고 그 말이나 소의 공포를 공감할 수 있다.

용감한 개는 주인을 때린 사람을 공격한다. 개는 용기의 감정을 내어 공격하기 전에 맞은 주인의 감정, 곧 슬픔이나 분노를 똑같이 느낄 수 있다.

말, 소, 개가 공감하려면 두 가지 조건을 채워야 한다. 우선 말, 소, 개가 감정을 가질 수 있어야 한다. 그다음 말, 소, 개가 같은 종이나 다른 종에 속한 남의 감정을 읽을 수 있어야 한다. 그래야 말, 소, 개가 남과 같은 감정을 가질 수 있다.

돌고래도 자크에게 공감하려면 두 가지 조건을 채워야 한다. 돌고래가 감정을 가질 수 있어야 한다. 그리고 돌고래가 인간의 감정을 읽을 수 있어야 한다. 그래야 돌고래도 인간과 같은 감정을 가질 수 있다. 돌고래가 두 가지 조건을 채울 수 있을까?

돌고래도 감정을 갖고
감정을 읽을까?

∞

　인간은 자기와 남의 생각을 아는 능력이 있다. 내가 어떤 사람을 사랑하는데 그 사람이 나를 거들떠보지도 않으면 그가 나를 사랑하지 않는다는 걸 안다. 나는 내가 그를 사랑한다는 내 생각도 알고 그가 나를 사랑하지 않는다는 남의 생각도 안다. 나와 남의 생각을 아는 능력은 심리학에서 '마음 이론(theory of mind)'이라고 부른다. 마음 이론은 마음 읽기 능력이다.

　돌고래가 공감 능력을 갖추려면 마음 이론, 즉 남의 마음을 읽는 능력이 있어야 한다. 돌고래가 마음 이론을 가지느냐에 대해선 과학자들 사이에 찬반론이 갈린다.

　동물 심리학자 알랭 추딘(A. Tschudin)은 큰돌고래에게 마음 이론이 있다고 주장한다. 실험자 1이 물고기 미끼를 두 상자 중 하나 속에 놓는다. 실험자 2는 실험자 1의 행동을 본다. 그러나 큰돌고래는 스크린으로 상자를 가리기 때문에 어느 상자에 미끼가 놓이는지 보지 못한다.

　다만 큰돌고래는 실험자 2를 볼 수 있다. 실험자 2는 발과 머리의 자세로 자기가 미끼를 놓는 걸 보고 있다고 큰돌고래에게 알려준다. 실험자 2는 스크린을 제거하고 물고기가 놓인 상자를 손으로 가볍게 두들긴 후 실험 지역에서 떠난다.

아무것도 모르는 실험자 3이 실험 지역에 들어와 큰돌고래에게 상자를 선택하게 한다. 큰돌고래는 한 상자 쪽으로 몸 방향을 돌리거나 다가가 자기의 선택을 알린다. 실험 결과 선택의 성공률은 70%다. 추딘은 큰돌고래가 실험자 2의 마음을 읽었기 때문에 성공했다고 보고 큰돌고래에게 마음 이론이 있다고 주장한다.

생물학자 마사키 토모나가(M. Tomonaga)는 큰돌고래에게 마음 이론이 없다고 주장한다. 토모나가는 실험자가 보여주는 제스처 신호에 큰돌고래가 어떻게 반응하는지 테스트한다. 실험자는 몸과 머리를 여러 방향으로 돌리면서 손으로 제스처 신호를 보낸다.

만일 큰돌고래가 실험자의 마음에 주의를 기울이고 있다면 큰돌고래의 행동은 머리 방향에 의해서만 영향을 받을 것이다. 큰돌고래가 실험자의 머리 방향에 따라 눈을 맞춰야 인간의 마음 상태를 따를 수 있기 때문이다.

그러나 테스트 결과는 큰돌고래의 행동이 실험자의 머리 방향보다 몸 방향에 의해 조절된다는 걸 보여준다. 토모나가는 큰돌고래가 마음 이론을 지닌다는 추딘의 견해에 의문을 던진다.

〈그랑블루〉에서 바다로 돌아간 큰돌고래는 자크와 사랑에 빠진 듯하다. 자크는 큰돌고래의 감정을 사랑으로 읽고 공감한다. 가능하다. 자크가 큰돌고래에게 자기가 느끼는 사랑의 감정을 부여하고 똑같이 느끼면 된다. 감정 이입이다.

〈그랑블루〉는 인간의 마음 이론과 공감 능력만큼은 충분히 증명하는 영화다. 그러나 큰돌고래가 감정을 가지고 마음 읽기 능력과 공감 능력을 가지는지는 아직 확실하게 증명되지 않았다.

그나저나 영화는 과학이 아니다. 시실리에서 뉴욕으로 돌아간 조안나가 자크에게 전화해 아무 얘기나 해달라고 하자 자크가 깊은 바다의 유혹을 이야기한다.

"인어를 만나려면
어떻게 해야 하는지 아세요?
바다 밑으로 내려가 고요히 떠다니는 거죠.
인어를 대신해 죽을 수 있다는 마음이 생길 때
그들이 나타나죠.
당신을 반겨주고
그들에 대한 당신의 사랑을 심판하죠.
만일 그 사랑이 진실하고 순수하면
그들은 당신과 함께 있을 거예요.
영원히 곁에 있을 거예요."

조안나는 감명을 받고 자크에게 돌아오지만 자크는 떠난다. 자크의 인어는 조안나가 아니라 돌고래다. 자크는 이미 말했다. 인어를 만나러 갈 거라고. 조안나가 못 알아들었다. 조안나는 마음 읽기 능력과 공감 능력이 부족하다.

임신한 조안나가 방출 밧줄을 잡아당기자 자크는 깊은 바다의 유혹에 몸을 맡긴다. 인어 대신 돌고래가 나타나 자크를 반겨주고 자크의 사랑을 심판한다. 자크의 사랑은 진실하고 순수하다. 돌고래가 자크와 함께 있다.

그러나 거기까지다. 영원히 곁에 있지 않을 수 있다. 돌고래에게 인간의 감정을 읽는 능력과 공감 능력이 없으면 자크는 머지않아 차이거나 수컷 돌고래에게 빼앗길 수 있다.

5부

영화도 철학도
정의가
핵심이다

"고담은 희망이 있어, 선한 사람도 많아"

〈배트맨 비긴즈〉

나는 김성근 감독을 좋아한다. 그는 철학이 있다고 평가받는 스포츠맨이다. 김성근 감독을 철학, 특히 윤리학으로 분석해본 적이 있다. 결론은 짬뽕, 요즘 말로는 '융합'이다.

윤리학의 3대 이론은 목적론, 법칙론, 실용주의다. 윤리학은 어떤 행동이 좋은지 나쁜지, 옳은지 그른지를 가르는 기준을 찾는다. 목적론은 어떤 행위가 목적이 좋으면 옳고 법칙론은 법칙에 맞으면 옳고 실용주의는 결과가 좋으면 옳다고 본다.

김성근 감독은 '승리'라는 목적을 위해 선수 혹사도 불사한다. 선수들과 사적으로 밥 한번 같이 먹지 않고 실력 외에 다른 변수를 고려하지 않는 공정 법칙을 실천한다. 선수가 타격할 때 고개를 먼저 돌리는 습관을 고치려고 빗자루를 등 뒤에 꽂아 훈련하는 임기응변의 실용도 능하다.

우리 인생도 짬뽕이다. 어떤 이는 목적의식이 강하고 어떤 이는 원칙을 고집하고 어떤 이는 카멜레온이라고 평가받는다. 그러나 모든 사람은 목적 지향일 때도 있고 원칙을 고집할 때도 있으며 카멜레온처럼 실용을 추구할 때도 있다. 우리의 삶은 세 가지 윤리를 적절하게 융합해도 아무 문제가 없다.

서로 다른 철학 이론은 머리 터지게 싸운다. 말싸움이다. 논증(argument)이라고도 한다. 'argument'는 '말다툼'이라는 뜻도 있다.

마이클 샌델(M. Sandel)의 『정의란 무엇인가』는 우리나라에서 200만 부 이상 팔리는 바람에 죽어가는 인문학에 희망 고문을 가한 철학책이다. 이 책은 정의에 관한 5대 윤리 이론의 말다툼을 입담 좋게 생중계한다. 공리주의, 법칙론, 자유지상주의, 평등주의, 목적론, 그리고 샌델 자신의 견해를 공동선 이론으로 제시하며 마무리한다.

크리스토퍼 놀란 감독의 영화는 철학이 있다고 평가받는다. 그의 '배트맨 3부작'을 샌델의 『정의란 무엇인가』로 풀이할 수 있다. 영화의 주인공들은 김성근 감독이나 우리처럼 한 가지 윤리로만 살지 않고 짬뽕으로 산다. 내가 어떤 주인공의 어떤 행동이 어떤 정의론을 보여준다고 설명하는 건 짬뽕으로 섞기 전에 재료를 가지런히 나눠 잠시 보여주는 것과 같다. 어차피 실전 인생은 융합이다.

배트맨 비긴즈 Batman Begins, 2005

감독: 크리스토퍼 놀란 출연: 크리스찬 베일, 마이클 케인, 리암 니슨, 게리 올드만 외

배트맨의
탄생 기원

∞

브루스 웨인은 어릴 때 우물에 빠져 박쥐들에게 혼나는 바람에 배트 트라우마가 있다. 게다가 오페라에서 박쥐 분장을 보고 일찍 나오자고 했다가 부모가 부랑자에게 총 맞고 죽는 바람에 죄책감도 갖고 산다.

브루스는 부모를 살해한 조 칠을 죽이려는 계획이 실패하자 고담시의 범죄에 맞서 퀘스트에 나선다. 중세 기사들이 성주 부인에게 사랑을 얻고자 보물을 찾아 고난의 모험 여행, 퀘스트를 떠나듯 브루스도 범죄를 이해하고 또 범죄에 맞서고자 범죄자들과 어울리며 사서 고생한다.

그리고 자신을 헨리 듀커드라고 속인 라스 알 굴의 수제자가 된다. 라스 알 굴은 고대부터 있었다는 비밀조직 '어둠의 사도들'의 수장이다. 브루스는 그 덕분에 범죄에 맞설 수 있는 두려움 없는 심장과 온갖 싸움 기술을 습득한 몸을 얻는다.

라스 알 굴은 브루스에게 어둠의 사도들 리더가 되라고 권하면서 마지막 테스트로 농부를 죽인 살인자를 처형하라고 칼을 건넨다. 브루스는 거부한다. 〈배트맨 비긴즈〉의 명장면이다.

"고담으로 가서 범죄와 싸우겠소.
하나 처형은 못 해요"

어둠의 사도들 소굴을 불태우고 고담으로 돌아온 브루스는 배트맨이 된다. 그는 갱 두목 카르미네 팔코네를 때려잡아 경찰에 넘기고 범죄자들에게 공포가 된다.

살아남은 라스 알 굴이 고담에 와 타락한 고담 시민을 공포 가스로 모조리 죽이려 한다. 배트맨과 정직한 경찰 짐 고든의 활약으로 라스 알 굴은 전철에 탄 채 지상으로 꼬라박혀 죽는다.

〈배트맨 비긴즈〉에서 브루스가 살인자를 처형하라는 명령을 거부하고
가짜 라스 알 굴과 싸우는 모습

"감옥에서 들은 팔코네의 비밀을
증언하는 대가로 가석방하는 거야."

브루스가 부모를 죽인 칠을 왜 풀어주냐고 묻자 소꿉친구이자 검
사보 레이첼 도스가 대답하는 말이다.

칠을 풀어주고 팔코네를 잡을 수 있다면 칠은 행복하고 팔코네와
브루스는 불행할 것이다. 그러나 팔코네의 범죄로 불행한 고담 시민
들이 행복해진다. 고담시 전체로 보면 행복이 불행보다 훨씬 더 커
진다.

공리주의:
최대 다수의 최대 행복

∞

 '최대 다수의 최대 행복', 영국 철학자 제러미 벤담(J. Bentham)의 공리주의 원칙이다. 공리주의 원칙은 행복을 극대화하는 행동이 옳다는 것이다.

 칠의 가석방과 팔코네의 구속은 반대로 칠의 계속 감옥살이와 팔코네의 계속 범죄에 비해 행복을 크게 늘리는 길이다. 소꿉친구가 죽이려 할 정도로 증오하는 살인범의 가석방을 냉큼 받아들이는 레이첼의 태도는 행복의 극대화를 지향하는 공리주의의 전형을 보여준다.

 공리주의는 행복이 쾌락을 늘리고 고통을 줄이는 데서 온다고 본다. 레이첼의 계산은 칠의 가석방으로 칠, 팔코네, 브루스, 고담 시민들이 얻을 쾌락과 고통을 합산해 쾌락의 전체 양이 고통의 전체 양보다 더 커지면 가석방은 옳다는 것이다. 벤담의 행복 계산법이다.

 벤담은 파놉티콘의 창안자다. 파놉티콘은 소수의 감시자가 모든 수용자를 감시할 수 있는 원형 감옥이다. 그는 거지들을 파놉티콘 모양의 구빈원에 몰아넣자고 제안한다.

 거지와 마주치면 두 가지 측면에서 행복이 줄어든다. 정이 많은 사람은 동정심이라는 고통이 생기고 정이 없는 사람은 혐오감이라는 고통이 생긴다.

구빈원에 갇힌 거지는 일해서 생활비를 충당해야 한다. 그러면 거지의 공리도 늘어난다.

벤담의 구빈원 안은 채택되지 않았다. 그러나 고담시의 빈민가, 내로우즈 지역은 벤담의 구빈원을 구현하고 있다. 이곳에는 가난한 사람들과 그들을 손바닥처럼 보며 마약과 범죄로 등쳐먹는 갱들이 모여 있다. 그리고 라스 알 굴은 팔코네를 앞세워 이 지역을 범죄의 소굴로 만들고 이를 빌미로 고담 시민을 몽땅 죽이려 한다.

공리주의의
약점

∞

공리주의는 약점이 있다. '그리스도인을 사자 우리에 던져 넣기'다. 고대 로마 시절에는 원형경기장 콜로세움에서 그리스도인을 사자 우리에 던져 넣고 군중이 구경하고 즐기게 했다. 그리스도인은 사자에 물어뜯기는 극심한 고통을 겪는다. 그러나 구경꾼들은 환호하며 집단 황홀경을 느낀다. 그리스도인의 고통은 구경꾼들의 쾌락에 비해 새 발의 피다.

공리주의는 그리스도인을 사자 우리에 던져 넣는 행위를 비난할 수 없다. 오히려 칭찬해야 한다. 군중의 쾌락을 극대화하니까.

"저들의 삶은 아무 가치가 없어.

범죄와 절망 속에 살면 뭐하나?

우린 인간의 타락을 막기 위해 싸워왔다.

흑사병으로 로마를 멸망시켰고

런던도 불태웠지.

문명이 타락할 때마다

우리가 바로 잡았어."

라스 알 굴도 공리주의자다. 고담 시민의 삶은 범죄와 절망 속에서 고통만 늘릴 뿐이다. 인간의 타락을 막고 행복을 극대화하기 위해선 고통뿐인 삶을 싹쓸이해야 한다. 라스 알 굴은 현대판 구빈원에 있는 고담 시민을 모조리 사자 우리에 던져 넣으려 한다.

법칙론:
인간을 목적으로 대하라

∞

어린아이가 가게에 들어와 빵을 사려 한다. 주인은 바가지를 씌울 수도 있지만 나쁜 소문이 퍼져 장사에 타격을 입을까 봐 바가지를 씌우지 않기로 한다. 어린아이에게 바가지를 씌워 당장 얻는 이익보다 나쁜 소문으로 두고두고 입는 피해가 훨씬 더 크다. 주인의 장삿

속은 공리주의 계산법에 따른다.

독일 철학자 이마누엘 칸트가 공리주의에 반대하면서 든 예다. 주인이 바가지를 씌워선 안 된다는 법칙을 지키는 이유는 손해가 이익보다 크다는 계산 때문이다. 옳지 않다. 법칙은 법칙이니까 지켜야 한다. 칸트의 법칙론이다.

왜 칸트는 손익 계산에 따르는 공리주의를 거부할까? 손익 계산은 쾌락과 고통의 계산이다. 이익은 즐겁고 손해는 괴롭다. 공리주의는 쾌락과 고통이 인간의 통치권자라고 본다.

칸트는 이게 못마땅하다. 인간의 통치권자는 쾌락과 고통의 감정이 아니다. 이성이다. 인간은 누구나 존중받을 가치가 있다. 인간이 이성을 가지고 스스로 부여한 법칙에 따라 행동할 수 있기 때문이다. 늘 이성에 따라 행동한다는 뜻이 아니다. 그럴 능력이 있다는 뜻이다.

칸트에 따르면 인간이 스스로 부여한 최고 법칙은 인간을 목적으로 대하라는 것이다. 인간은 그 자체가 목적이면서 존재만으로도 절대 가치를 지닌다. 그러니까 인간을 수단이 아니라 목적으로 대해야 한다. 조건이 필요 없다.

어린아이가 두고두고 손해를 준다면 바가지를 씌우지 않아야 한다는 법칙에는 두고두고 손해를 준다는 조건이 붙어 있다. 바가지를 씌우지 않아야 한다는 법칙은 법칙이니까 지켜야 한다면 조건이 붙어 있지 않다.

인간을 목적으로 대하라는 법칙도 마찬가지다. 법칙이니까 지켜야 한다. 조건이 없다. 칸트는 조건 없는 법칙을 '정언명령'이라고 부른다.

칸트의 법칙론에 비춰 보면 농부를 죽인 죄인의 처형을 거부한 브루스는 훌륭하다. 아무리 살인자여도 존중받을 가치가 있다. 살인자에 대한 브루스의 태도는 인간을 목적으로 대하라는 칸트의 법칙론과 일치한다.

살인자도 목적으로 대하는 게 왜 중요할까? 테러 공격을 예방하고자 테러 용의자를 고문하는 걸 생각해보자.

칸트는 반대할 것이다. 그러면 테러 용의자의 입을 열 유일한 방법이 그의 어린 딸을 고문하는 것이어도 찬성할 수밖에 없기 때문이다. 인간이 인간을 고문해선 안 된다는 법칙은 계산해보고 지켜야할 게 아니다. 법칙이니까 지켜야 한다. 인간을 수단이 아니라 목적으로 대해야 하니까 지켜야 한다.

살인자는 응징으로 처형해야 하고 타락한 고담 시민의 삶은 아무 가치가 없다는 라스 알 굴의 태도는 모든 인간이 존중받을 가치가 있고 인간을 목적으로 대해야 한다는 칸트의 법칙론과 완전히 어긋난다. 라스 알 굴의 태도는 살인자와 고담 시민을 타락한 문명을 바로잡는 수단으로 여기는 공리주의와 어울린다.

법칙론의
약점

∞

칸트의 법칙론도 약점이 있다.

첫째, 법칙은 법칙이니까 지켜야 한다는 태도는 너무 유별나고 극단이다. 거짓말해선 안 된다는 법칙은 법칙이니까 지켜야 한다면 살인자가 문 앞에서 옷장 속에 숨어 있는 친구를 찾아도 나는 거짓말을 할 수 없다. 나치 돌격대원에게 안네 프랑크의 가족이 다락방에 숨어 있다고 알려줄 수밖에 없다.

둘째, 인간을 목적으로 대해야 한다는 법칙도 비현실적이다. 칸트는 브루스가 배트맨이 되어 범죄자들에게 폭력을 행사하는 걸 비난할 것이다. 폭행은 인간을 목적으로 대하고 존중하는 행동이 아니기 때문이다. 그렇다면 범죄자들에게 맞아 죽어도 대항해 폭력을 행사하면 안 된다.

셋째, 법칙론은 개인이 아니라 공동체의 문제를 해결하는 틀로는 부적절하다.

"고담은 희망이 있어.

시간을 줘.

선한 사람도 많아."

라스 알 굴에게 브루스가 항변하는 말이다. 라스 알 굴은 고담시를 멸하려 하고 브루스는 고담시를 구하려 한다. 선한 사람도 많다는 브루스의 말은 선한 개인을 구제해야 한다는 뜻과 함께 선한 개인과 악한 개인이 섞인 공동체를 한꺼번에 멸하면 안 된다는 뜻도 지닌다.

법칙론은 악한 개인을 경찰에 신고하고 선한 개인을 보호해야 한다고 말할 수 있지만 악한 개인과 선한 개인이 섞인 공동체를 어떻게 해야 하는지는 말하기 어렵다. 법칙론은 개인을 넘어 공동체의 문제를 분석하고 해결하는 틀로는 부적절하다.

"오늘 밤 너희는 사회 실험에 참여하게 되었다"

〈다크 나이트〉

코로나19는 외모 평등주의의 향상에 이바지한다는 말이 있다. 예쁘고 잘생긴 사람이 점수 따고 들어갈 수 없는 마스크 효과를 의미한다.

마스크는 정의 문제에서도 평등주의의 향상에 이바지할 수 있다. '무지의 베일'에서 시작하는 미국 철학자 존 롤스(J. Rawls)의 분배 정의는 평등주의를 지향한다. 마스크는 바이러스뿐 아니라 외모 선입견과 정의롭지 못한 분배도 차단하는 효과가 있다.

분배는 현대 윤리학 또는 정치 철학에서 정의의 핵심 문제다. 분배는 무엇보다 돈, 경제 문제다. 부익부 빈익빈, 유전무죄 무전유죄, 금수저 흙수저, 돈도 실력이라는 말은 모두 부의 분배가 공평하지

───────── 다크 나이트 The Dark Knight, 2008 ─────────

감독: 크리스토퍼 놀란 **출연:** 크리스찬 베일, 히스 레저, 아론 에크하트 외

않다는 걸 보여준다.

샌델이 자유지상주의와 평등주의라는 이름으로 다루는 정의도 분배, 돈, 경제와 직결되어 있다. 그러나 분배, 돈, 경제와 관련된 정의는 다시 정치와 국가가 경제와 시장에 대해 무엇을 해야 하는지에 답해야 한다.

그러니까 경찰, 검찰, 마피아, 금융업자가 등장하는 〈다크 나이트〉로 자유지상주의와 평등주의를 설명할 여지가 충분하다.

'다크 나이트'가
될 수밖에 없었던 배트맨

∞

조커는 은행을 털어 마피아들이 세탁한 돈을 갈취한다. 그러고도 마피아들의 대책 회의에 뻔뻔하게 나타나 배트맨을 죽이는 대가로 수익의 반을 요구한다. 마피아의 돈을 세탁하는 금융업자 라우가 부패한 경찰의 도움으로 은행 압수 수색 전에 돈을 빼돌려 홍콩으로 도망친다. 고담시 신임 지방검사 하비 덴트는 경찰반장 고든과 함께 배트맨을 만나 라우를 붙잡아 와야 한다고 말한다.

배트맨이 웨인 그룹 응용과학 부서장이자 회장 루시우스 폭스의 도움으로 홍콩에서 라우를 납치해 고든에게 넘긴다. 라우가 부는 바람에 마피아들이 줄줄이 체포된다. 마피아들은 그제야 울며 겨자 먹기로 조커의 요구를 받아들인다.

조커가 배트맨에게 가면을 벗고 자수하지 않으면 매일 사람을 죽이겠다고 동영상을 띄운다. 죽이고 또 죽인다. 브루스는 하비의 기자회견에 자수하러 가지만 하비는 자기가 배트맨이라며 선수를 친다. 떡 본 김에 제사 지낸다고 배트맨은 고든과 함께 함정을 파고 하비를 수송하는 차량을 덮친 조커를 잡는 데 성공한다.

그러나 뛰는 놈 위에 있는 나는 놈 조커는 큰 그림을 그렸다. 조커는 배트맨의 고문에 굴하는 척하며 하비와 레이첼이 납치되어 있는 장소를 반대로 알려준다. 배트맨은 레이첼을 구하러 갔으나 하비를 발견하고 고든은 하비를 구하러 갔으나 레이첼이 폭사한다. 하비도 얼굴 반쪽이 불에 타 경찰들이 부르는 별명대로 '투 페이스'가 된다.

사랑하는 레이첼을 잃은 하비는 지킬 박사가 아니라 하이드가 되어 자신을 납치한 부패 경찰을 죽인다. 또 레이첼을 호송한 부패 경찰의 정보를 제공한 마피아 두목도 죽인다. 레이첼을 데려간 경찰은 동전 던지기에서 앞면이 나오는 바람에 죽이지 않고 팬다. 그리고 레이첼을 살리지 못한 책임을 물어 고든의 가족을 인질로 붙잡는다.

그 사이 조커는 고담시를 탈출하는 두 대의 페리, 시민들이 탄 페리와 죄수들이 탄 페리에 폭탄을 설치하고 서로 먼저 다른 페리를 터뜨리는 기폭 장치를 작동하거나 자정에 둘 다 터지는 선택을 하라고 강요한다.

배트맨이 불법 감찰 시스템과 폭스의 도움으로 간신히 조커를 다시 붙잡아 경찰에 넘긴다. 조커는 붙잡혀서도 하비를 타락하게 만든 걸 자랑한다.

하비가 고든의 아들을 붙잡고 동전 던지기로 죽이려 한다. 배트맨이 하비를 덮쳐 건물 밖으로 떨어트리고 아들을 고든에게 힘겹게 넘긴 뒤 추락한다. 하비는 즉사한다.

고든이 하비의 범죄로 고담시의 희망이 무너졌다고 한탄한다. 배트맨은 조커가 이기게 할 수 없으니 하비의 범죄를 모두 뒤집어쓰겠다며 진실을 알리지 말라고 고든에게 부탁한다. 배트맨은 경찰견들에게 쫓기며 어둠 속으로 사라진다.

〈다크 나이트〉에서 죄수들이 탄 배에서
시민들이 탄 배의 기폭 장치를 작동할지 고심하는 모습

자유지상주의:
개인의 자유와 최소 국가

∞

자유지상주의의 핵심 주장은 두 가지다.

첫째, 개인에게 자유 기본권을 보장해야 한다. 개인의 자유 기본
권은 생명권과 재산권, 선거권과 피선거권, 언론과 집회의 자유, 양
심과 사상과 종교의 자유 등 헌법에 명시되어 있는 권리다.

둘째, 국가의 시장 개입은 최소화해야 한다. 자유지상주의를 대표
하는 미국 철학자 로버트 노직(R. Nozick)은 "오직 계약을 집행하고
사람들을 무력과 절도와 사기에서 보호하는 기능을 수행하는 최소
국가만이 정당하다. 거기서 더 나아가면 개인의 권리를 침해한다."
라고 말했다.

그에 따르면 최소 국가는 국민의 생명권과 재산권을 보호해야 한

다. 국가는 수요 공급 원리와 경쟁 원리에 따라 자유롭게 움직이는 시장의 질서만 유지하면 된다.

부의 평등한 분배는 개인의 자유를 침해한다. 국가가 돈 많은 사람에게 높은 세금을 부과해 가난한 사람들을 돕는 건 개인의 기본권을 침해하는 강압 행위이고 심하게 표현하면 절도다. 국가가 해야 할 일은 개인의 생명과 재산을 보호하는 것뿐이다. 나머지는 시장에 맡겨야 한다.

자유지상주의의 눈으로 보면 고담시에서 마피아들이 하는 짓은 막아야 한다. 마피아들은 무력으로 개인의 생명과 재산을 빼앗는다. 조커가 마피아들이 세탁한 돈을 갈취하고 밥 먹듯 살인하는 것도 막아야 한다.

마피아와 조커는 모두 개인의 생명권과 재산권을 침해하고 시장을 교란한다.

배트맨이 하는 일도 잘하는 짓이 아니다. 배트맨은 범죄자를 폭력으로 다스린다. 마피아를 때려잡아 경찰에 넘긴다. 또 국경을 불법으로 넘어가 범죄자를 납치한다. 조커를 고문한다. 아무리 범죄자지만 폭행, 납치, 고문을 하면 개인의 자유 기본권은 온데간데없다. 배트맨은 처벌받아야 한다. 고담시 경찰의 공식 방침도 배트맨은 보는 즉시 체포하는 것이다.

고담시 신임 지방검사 하비는 잘하고 있다. 덴트는 마피아를 구속하고 부패한 경찰과 법조계와 금융계를 정화하려 한다. 경찰반장 고든도 잘하고 있다. 그도 마피아와 조커를 잡으려 한다. 둘 다 개인의 생명과 재산을 지키려 한다.

모스크바 발레단의 주력 발레리나 나타샤, 레이첼, 하비, 브루스가 레스토랑에서 배트맨 이야기를 나눈다.

"내 말은 무슨 도시가 가면 쓴 자경단을 영웅화하느냐는 거예요."(나타샤)

"정의를 지키는 일반 시민들은 고담시의 자랑입니다."(하비)

"고담에는 검사님 같은 영웅이 필요해요. 선발된 공무원이요. 법 위에 올라서려는 사람 말고요."(나타샤)

"배트맨은 누가 뽑은 거죠?"(브루스)

"우리가요. 악당들이 시를 장악하게 멍하니 놔둔 우리 모두요."(하비)

"여긴 민주주의 사회잖아요, 덴트 씨."(나타샤)

"눈앞에 위협이 닥쳤을 때 로마인은 민주주의를 중단하고 도시를 지킬 사람을 한 명 뽑았죠. 그건 명예가 아니라 사회봉사로 여겨졌어요."(하비)

"하비, 로마인들이 공화정을 수호하라고 뽑은 마지막 사람은 시저였어. 권력을 절대 놓지 않았다고."(레이첼)

"그래, 좋아. 영웅으로 죽거나 오래 살아서 악당이 된 자신을 보거나 하는 거야. 봐요, 배트맨이 누구든 그 일을 평생 하고 싶진 않겠죠. 배트맨은 자기 망토를 이어받을 사람을 찾는 거예요."(하비)

브루스는 하비가 마음에 쏙 든다. 하비는 정의를 지키는 일반 시민을 자랑스러워하고 악당들을 막지 못한 자신들이 배트맨을 선발했다고 말한다.

배트맨이 불법으로 하는 일을 이어받아 합법으로 하겠다고도 한다. 시저처럼 오래 살아서 악당이 된 자신을 보지 않고 영웅으로 죽을 각오를 비친다. 믿을 만하다. 브루스는 하비를 위해 모금 행사를 연다.

선량한 사람들의 생명과 재산을 위협하는 범죄를 막는 일은 자유지상주의가 국가에 요구하는 일, 최소 국가의 임무다. 자유지상주의자들이 가장 좋아할 인물은 단연 하비다. 하비가 하이드가 되기 전까지만.

자유지상주의의
약점

∞

자유지상주의의 약점은 두 가지다.

하나는 경제 불평등을 심화한다는 것이다. 프랑스 경제학자 토마 피케티(T. Piketty)는 프랑스, 영국, 미국에서 경제 불평등의 심화를 데이터로 입증했다. 미국에선 1910년에 상위 10%의 부유층이 전체 부의 약 80%를 소유하고 상위 1%가 약 45%를 소유했다. 2010년에 전체 부에서 상위 10%가 차지하는 몫은 약 75%이고 상위 1%의 몫은 35%에 가깝다.

부의 격차가 줄어든 것 같지만 미국에서 부의 불평등 감소는 유럽에 비하면 적다. 전체 부에서 상위 10%가 차지하는 몫이 미국에선 80%에서 75%로 떨어진 반면 유럽에선 90%에서 60%로 떨어졌다.

미국에서 부의 불평등이 가장 약해진 시기는 제1차·2차 세계대전 때다. 1950년에 상위 10%가 차지하는 몫은 약 65%이고 상위 1%의 몫은 30%에 못 미친다. 전쟁의 충격이 부유층에게 높은 과세와 부의 고른 분배를 강제하는 영향을 미쳤기 때문이다. 그러나 1980년 이후 미국에서 부의 불평등은 다시 심화한다. 조세 정책과 금융 정책이 부자에게 유리하게 전개되었기 때문이다(『21세기 자본』 417~419쪽).

"나도 아내가 있었어.

아름다웠지, 당신처럼.

내가 너무 걱정이 많다고 했지.

내가 미소를 더 많이 지어야 한댔어.

어느 날 누가

아내의 얼굴을 그었어.

우린 수술할 돈이 없었지.

아내는 견디지 못했어.

나는 그냥 아내가 다시 웃길 바랐어.

흉터 따윈 신경 안 쓴단 걸 알아주길 바랐어.

그래서 난 면도칼을 내 입속에 집어넣고 이렇게 했지.

근데 그거 알아?

아내는 내 모습을 견디지 못하고 떠나버렸어."

조커가 하비의 모금 행사에 난입해 레이첼의 얼굴에 칼을 들이대고 하는 '얼굴 흉터 강의' 버전 1이다. 수술할 돈이 없는 가난이 늘 웃는 조커 얼굴의 이유다. 조커는 모금 파티에 참석한 부자들을 위협할 뿐 아니라 마피아들의 검은돈도 불태운다. 돈 없는 가난도 싫고 부자의 돈도 희든 검든 싫다. 조커는 돈이 원수다.

놀란 감독은 그래서 철학이 있다. 가난을 주목해야 철학이 있다. 봉준호 감독이 〈기생충〉에서 반지하 인생을 주목한 것처럼.

자유지상주의의 또 한 가지 약점은 내가 내 소유라는 생각이 지닌 모순이다. 돈은 기본적으로 노동의 산물이다. 내가 번 돈은 내 노동의 산물이기 때문에 내가 가진다. 그럼 내 노동의 산물을 내가 가지는 이유는 뭘까? 자유지상주의는 내가 내 소유이기 때문이라고 대답한다.

해마다 수천 명이 콩팥 이식을 기다리다가 죽어간다. 자유지상주의는 콩팥 거래에 반대할 수 없다. 내가 나를 소유하면 내 몸의 일부를 자유롭게 팔 수 있어야 한다. 노직에 따르면 "X에 대한 소유권 개념의 핵심은 X를 어떻게 처리할지 결정할 권리다." 소유권이 있으면 처분권도 있다.

그렇다면 희한한 부자 미술상이 남의 콩팥을 사서 쓰레기통에 버리고 그 일을 잡담거리로 삼아도 자유지상주의는 안 된다고 말할 수 없다. 또 콩팥 하나를 이미 판 사람이 나머지 콩팥을 팔겠다고 해도 자유지상주의는 말릴 수 없다. 콩팥 둘 중 하나는 자기 소유이고 하나는 아니라고 말할 수 없기 때문이다.

자유지상주의의 눈으로 보면 폭력과 살인이 나쁜 이유는 맞고 죽는 사람의 허락도 없이 남의 몸에 손을 대기 때문이다. 자유지상주의는 맞고 죽는 사람이 허락하면 폭력과 살인도 비난할 수 없다. 내가 허락하면 날 죽여도 괜찮다는 게 내가 내 소유라는 자유지상주의의 문제점이다.

"이 흉터가 왜 생겼는지 알고 싶어?

우리 아버지는 술꾼에다 악마 같은 사람이었어.

어느 날 밤 아버진 평소보다 더 미쳐 날뛰었고

엄마는 부엌칼을 들고 방어했지.

아버진 그게 마음에 안 들었어, 손톱만큼도.

그리곤 내가 보는 앞에서 엄마를 칼로 찔렀어.

그 와중에 웃더라고.

내 쪽으로 돌아서면서 말했지.

'왜 그리 심각해, 아들?

나한테 칼을 들고 오더니

'왜 그리 심각하냐, 아들?

아버진 내 입속에 칼날을 집어넣더니

'그 얼굴에 웃음을 새겨보자꾸나!'

그리고는…"

조커가 자기 목에 현상금을 건 마피아 두목 갬블의 입속에 칼을 넣고 말하는 '얼굴 흉터 강의' 버전 2다. 조커는 엄마를 죽인 아버지를 극도로 증오한다. 조커의 잔인함은 그 증오에서 비롯한다.

조커가 증오하는 이유는 두 가지다. 하나는 엄마를 죽인 것이다. 또 하나는 자기 몸에 칼을 댄 것이다. 내 몸은 내 소유다. 아무도 칼을 댈 수 없다. 조커는 나는 내 소유라는 자유지상주의 원칙을 아버지에게 칼을 맞으며 배웠다. 욕하면서 배운다더니 조커도 아버지를 닮아 남의 몸에 허락 없이 칼을 댄다. 그는 겜블을 죽여버린다.

자유지상주의는 제임스 본드가 가진 살인 면허를 모든 인류에게 부여할 수 있다. 내가 내 소유이면 자살해도 괜찮고 남이 허락받고 나를 죽여도 괜찮고 내가 허락받고 남을 죽여도 괜찮다. 내가 내 소유라는 자유지상주의 원칙은 국가가 개인의 생명과 재산을 보호해야 한다는 자유지상주의의 최소 국가 원칙과 모순에 빠진다. 자유지상주의는 누워서 침을 뱉는다.

평등주의:
개인의 자유와 차등 원칙

∞

평등주의는 경제 불평등의 심화를 해소하려 한다. 평등주의를 대표하는 롤스는 사회주의처럼 분배의 결과를 평등하게 만들려 하지 않는다. 그러면 개인의 자유를 침해하기 때문이다. 대신 분배의 절차를 공정하게 만들려 한다. 그러면 개인의 자유를 침해하지 않으면서도 분배의 결과를 좀 더 평등하게 만들 수 있다.

롤스는 분배의 절차를 공정하게 만들고자 '무지의 베일'이라는 사고 실험을 제안한다. 무지의 베일은 나의 계층과 성별, 인종과 민족, 정치 견해나 종교 신념, 학력, 집안 재산을 가리는 마스크다.

롤스는 우리가 모두 무지의 베일을 쓰면 어떤 분배 원칙에 합의할 수 있는지 묻는다. 쾌락을 극대화하는 공리주의 원칙을 택하지 않을 것이다. 군중의 쾌락을 위해 사자 우리에 던져지는 그리스도인이 되고 싶지 않기 때문이다. 또 개인의 자유를 철저히 보장하고 국가는 국민의 생명권과 재산권만 보호하는 자유지상주의도 택하지 않을 것이다. 부자가 될 수도 있지만 홈리스가 될 수도 있기 때문이다.

무지의 베일을 쓰면 최고의 쾌락을 얻거나 부자가 되는 최선의 상태보다 사자 우리에 던져지거나 무일푼에다 도움도 못 받는 최악의 상태를 피하는 선택을 하는 게 더 현명하다. 롤스는 우리가 무지의 베일을 쓰면 두 가지 분배 원칙에 합의할 수 있다고 말한다.

첫째, 개인에게 자유 기본권을 보장한다. 생명권과 재산권, 언론, 종교, 집회의 자유와 같은 기본권을 모든 시민에게 평등하게 제공한다. 개인의 자유 기본권은 자유지상주의의 원칙과 똑같다. 롤스는 '평등한 자유 원칙'이라고 부른다.

둘째, 최소 수혜자에게 최대 이익을 제공하고 공정한 기회 균등을 보장한다. 롤스는 '차등 원칙'이라고 부른다. 우리가 합의하고 인정할 수 있는 차등, 곧 불평등은 사회 구성원 가운데 가장 어려운 사람에게 이익이 돌아가는 것이다.

예를 들어 환경미화원이 가장 적은 소득을 얻는 구성원이라면 세금을 가장 적게 내거나 면제받아야 한다. 재벌 회장이 가장 많은 소득을 얻는다면 세금을 가장 많이 내야 한다. 또 환경미화원의 자녀도 능력만 있으면 재벌 회장이나 대통령이 될 기회가 있어야 한다. 돈 없고 빽 없다고 출세할 기회조차 박탈당하는 일은 없어야 한다.

평등한 자유 원칙과 차등 원칙은 분배의 결과를 억지로 비슷하게 만드는 게 아니라 분배의 절차를 공정하게 만든다. 분배 절차에서 두 가지 원칙을 지키면 자유지상주의가 요구하는 원칙, 시장에서 수요 공급 원칙과 경쟁 원칙에 따라 분배할 때보다 분배의 결과에서 격차가 줄어든다. 그래도 생기는 격차는 개인이 감당해야 한다.

롤스는 경제 불평등의 심화를 해소하고자 국가가 시장에 적극 개입해야 한다고 말한다. 국가가 국민의 생명권과 재산권만 보호하는 최소 국가여선 안 된다. 누진세, 무거운 상속세, 공공 교육, 공공 보건의료, 실업 수당 등은 최소 수혜자에게 최대 이익을 제공하고 공정한 기회 균등을 뒷받침하는 복지 정책이다. 롤스의 분배 원칙은 현재 전 세계 거의 모든 나라가 채택하는 복지 정책의 철학 기초다.

"오늘 밤 너희는 모두 사회 실험에 참여하게 되었다."

시민들이 탄 페리와 죄수들이 탄 페리의 스피커에서 조커의 목소리가 들린다. 다른 페리의 폭탄을 먼저 터뜨리고 살아나는 것과 밤 열두 시에 두 페리 모두 터져 죽는 것 중 하나를 선택하는 사회 실험이다. 〈다크 나이트〉의 명장면이다.

시민들은 투표를 해 찬성 396 대 반대 146으로 기폭 장치를 작동하기로 결정한다. 그러나 어떤 시민이 작동하라고 하자 기폭 장치를 든 선원이 말한다. "우린 아직 살아 있소. 그건 저들도 우릴 안 죽였 다는 뜻이오." 모두 주저하자 한 시민이 자기 손에 피를 묻히겠다고 나선다.

다른 페리에선 험악한 죄수 한 명이 경비 책임자에게 기폭 장치를 자기에게 넘기라고 한다. 기폭 장치를 넘겨받은 죄수는 창밖으로 던 져버린다. 시민도 자기 손에 피를 묻히지 못한다. 열두 시가 넘었다.

조커가 말한 사회 실험은 롤스가 말한 사고 실험 '무지의 베일'로 변조할 수 있다. 조커의 사회 실험을 단순화해 기폭 장치를 넘겨받 은 시민과 죄수가 단독으로 선택한다고 가정해보자. 무지의 베일은 우리가 자신의 계층, 성별, 인종, 신념, 재산 등을 모르게 하는 마스 크다. 시민과 죄수는 무지의 베일을 쓰고 있지 않다. 시민과 죄수는 상대가 죄수와 시민이라는 걸 안다. 그러나 두 페리 사이에 교신이 끊겨 시민과 죄수는 상대가 어떤 선택을 하려 하는지 모른다.

기폭 장치를 작동하지 않은 마지막 결과는 롤스의 사고 실험으로 설명할 수 있다. 롤스에 따르면 무지의 베일을 쓴 사람들은 최악의 상황을 피하는 분배 절차에 합의한다. 결과론이지만 시민과 죄수는 죽음이라는 최악의 상황을 가정하고 얼마 남지 않은 시간이나마 최 악의 상황을 피하는 선택을 하는 데 합의했다고 볼 수 있다. 저들도 아직 우릴 안 죽였으니 우리도 저들을 죽이지 않으면 된다는 합의 다. 시민과 죄수는 텔레파시가 통한 듯하다.

평등주의의
약점

∞

롤스의 평등주의는 국가의 중립을 요구한다. 국가의 중립은 국민이 서로 다른 종교나 신념을 가지고 살 때 특정 종교나 신념을 선호하고 장려하고 지원해선 안 된다는 뜻이다. 국가가 중립을 지키지 않으면 개인이 특정 종교나 신념을 선택하는 자유가 침해받기 때문이다.

국가의 중립은 개인의 자유 기본권 또는 평등한 자유 원칙을 위해 필요하다. 자유지상주의도 개인의 자유 기본권을 정의의 첫 원칙으로 내세우니까 롤스의 평등주의와 마찬가지로 국가의 중립을 요구한다.

그러나 샌델이 보기에 국가의 중립은 불가능하다. 롤스의 평등주의와 자유지상주의가 개인의 선택 자유를 중시하면 집단 책임 의식이 들어설 자리가 없다.

예를 들어 위안부 동원에 대한 일본 정부의 사죄 요구는 어불성설이 된다. 위안부 동원이 사실이더라도 일본군 책임자가 개인적으로 결정한 일이고 그 개인은 이미 죽었다. 사죄할 개인도 없고 죽은 조상의 죄를 사죄할 권리도 없다.

또 국가의 중립은 기울어진 운동장에선 한쪽 편들기로 둔갑할 수 있다. 국가가 개인의 자유를 침해할 수 없으니 일본 정부가 위안부 동원에 대해 위안부와 일본군 사이에서 중립을 지킨다고 해보자. 그러면 일본 정부는 위안부 쪽으로 유리하게 기울어진 한국에선 욕을 먹고 일본군 쪽으로 기울어진 일본에선 박수를 받는다. 국가의 중립은 기울어진 운동장에선 불가능하다.

롤스의 평등주의는 본래 취지가 기울어진 운동장을 바로잡는 것이다. 자유지상주의 원칙대로 분배를 시장과 경쟁에 맡겨놓으면 운동장이 더 기울어지니까 절차를 공정하게 만들어 국민이 출발선에 최대한 나란히 서게 한다는 게 평등주의의 취지다. 그러나 국가의 중립은 기울어진 운동장을 바로잡지 않고 내버려두겠다는 발상이다. 롤스가 요구하는 국가의 중립은 롤스의 평등주의와 어긋난다. 롤스도 누워서 침을 뱉는다.

롤스의 평등주의가 기울어진 운동장을 바로잡으려면 국가가 시장에 개입하듯 종교나 신념 문제에도 적극 개입해야 한다. 그래야 일본 정부가 일본 국민에게 욕먹더라도 위안부 동원을 사죄하라고 요구할 수 있다. 롤스가 누워서 침 뱉지 않으려면 국가의 중립 원칙을 버려야 한다.

롤스의 평등주의가 지닌 또 하나의 약점은 무지의 베일이 사고 실험이라는 데서 생긴다. 사고 실험은 관찰, 경험과 무관하다. 철학 업계 전문용어로 사고 실험은 귀납이 아니라 연역이다.

소크라테스는 죽는다, 롤스는 죽는다, 김성환은 죽는다. 따라서 모든 사람은 죽는다. 귀납이다. 관찰, 경험에 의존한다.

모든 돌은 죽지 않는다. 소크라테스는 수석 이름이다. 따라서 소크라테스는 죽지 않는다. 연역이다. 관찰, 경험에 의존하지 않는다.

시민과 죄수가 기폭 장치를 작동하지 않은 건 경험에 의존하지 않고 '이성'에 의존한다고 해석할 수도 있다. 이성으로 잘 생각해보니 상대 쪽이 아직 우리를 살려둔 건 우리도 상대 쪽을 살려두라는 신호니까 둘 다 기폭 장치를 가만두면 되겠다 싶다. 텔레파시가 통한 게 아니라 각자 이성 능력을 발휘한 결과로 보인다.

천만에, '양심'이다. 시민이 기폭 장치를 작동하지 않은 이유는 죄수들이지만 차마 목숨을 끊을 수 없다는 양심 때문이다. 죄수가 기폭 장치를 창밖으로 던진 이유도 또다시 범죄를 저지를 수 없다는 후회와 양심 때문이다. 후회와 양심이라는 '감정'이 시민과 죄수가 기폭 장치를 작동하지 못하게 만든다.

롤스의 무지의 베일은 사고 실험이고 연역이니까 경험을 배제하고 이성의 논리로만 따지고 또 그래야 한다. 그러나 롤스의 사고 실험이 지닌 문제점은 결과를 잘 설명할 수 있지만 과정을 설명하기 힘들다는 것이다. 결과는 시민과 죄수가 모두 기폭 장치를 작동하지 않은 것이다.

그러나 과정은 시민과 죄수가 모두 이성을 발휘한 게 아니라 양심을 발휘한 것이다. 모로 가도 서울만 가면 되는 게 아니다. 결과도 바르게 설명하고 과정도 바르게 설명해야 한다. 모로 가면 서울 가도 안 된다.

"우리가 물러서면 이 도시는 끝장이다"

〈다크 나이트 라이즈〉

〈다크 나이트 라이즈〉의 마지막 장면이 인상 깊다. 고든이 브루스 웨인의 묘지에서 찰스 디킨스(C. Dickens)의 소설 『두 도시 이야기』 의 한 구절을 읽는다.

"아름다운 도시와 멋진 사람들이

어둠에서 벗어난다.

내 목숨을 바쳐 지킨 사람들은

평화롭고 훌륭하고 번창하며 행복하다.

그들과 그 후손들의 가슴속에

나에 대한 기억이 남을지니.

내가 지금 하려는 것은

지금까지 해 온 어떤 행동보다

훨씬 더 숭고한 일이다."

『두 도시 이야기』에서 찰스의 변호사 시드니가 찰스의 아내 루시를 평생 사랑하며 찰스를 대신해 단두대에서 처형당하기 전에 읊었을 듯한 독백이다. 〈다크 나이트 라이즈〉에서 고담 시민을 구하고자 배트윙에 중성자탄을 매달고 바다로 나가 폭발한 배트맨이 읊었을 듯한 독백이기도 하다. 변호사가 브루스 웨인의 유언장을 읽는다.

"웨인 저택과 부지는

고담시에 철거나 리모델링 않는 조건으로 기증하며

저택의 용도는 단 하나로 제한합니다.

고담시의 고아들을 위한 쉼터입니다."

아이들이 웨인 저택으로 들어간다. 표지판이 걸려 있다.

"마사와 토마스 웨인 어린이집.

이 표지판은 고아 청소년들을 위해

유명한 안식처를 만들어준 사람들의

이상주의, 관대함, 노력에 감사하는 뜻으로 세운다."

—————— 다크 나이트 라이즈 The Dark Knight Rises, 2012 ——————

감독: 크리스토퍼 놀란 **출연:** 크리스찬 베일, 마이클 케인, 앤 해서웨이, 톰 하디 외

'숭고한 일' '이상주의' '관대함'은 아리스토텔레스(Aristoteles)의 목적론 그리고 샌델의 공동선 이론과 관련이 있다.

부활한 악,
부활한 배트맨

∞

악이 부활한다. 라스 알 굴의 딸 미란다 테이트, 본명 탈리아 알 굴이 아버지의 과업을 완성하고자 고담시에 중성자탄을 터뜨리려

한다. 미란다를 사랑하고 보호해주다가 얼굴이 망가져 특수 마스크를 낀 베인이 배트맨의 허리를 결딴내 큰 우물 모양의 지하 감옥에 가두고 고담시를 장악한다. 탈리아는 본색을 숨긴 채 웨인 그룹을 지원해 핵융합로를 얻고 중성자탄으로 개조한다.

브루스가 로프 없이 목숨 걸고 암벽을 오르는 프리솔로로 지하 감옥에서 탈출하는 데 성공한다. 배트맨은 폭스에게 얻은 전파방해장치를 고든에게 전달해 중성자탄에 보내는 신호를 차단하라고 부탁한다. 또 정직한 경찰 존 블레이크에겐 혹시 중성자탄이 터질지 모르니 아이들과 주민들이 대피하게 하라고 요청한다. 도둑 캣우먼 셀리나 카일에겐 배트포드로 탈출구를 확보해 달라고 말한다.

배트맨은 하수구 입구를 폭파해 매몰된 경찰들을 구출하고 베인 일당과 전면전을 벌인다. 본색을 드러낸 탈리아가 중성자탄을 실은 트럭을 아버지처럼 지하에 꼬라박고 죽는다. 배트맨이 중성자탄을 바다로 가져가 터뜨린다.

고담시는 배트맨 동상을 세운다. 폭스는 브루스의 요청으로 배트윙에 이미 자동운항장치가 설치되었다는 말을 듣는다. 블레이크가 강에 경찰 배지를 던지고 브루스가 남긴 좌표로 배트맨의 동굴에 들어간다. 알프레드 페니워스가 피렌체 아르노 강변의 카페에서 누군가를 바라보다가 고개를 살짝 끄덕인다. 건너 테이블에서 브루스가 미소를 보낸다. 엄마의 진주 목걸이를 한 셀리나가 함께 있다.

목적론:
목적이 좋으면 옳은 행동이다

∞

고대 그리스 철학자 아리스토텔레스는 세상 모든 것에 '목적'이 있다고 했다. 목적은 그리스어로 '텔로스(telos)'다. '끝점'이라는 뜻도 가지고 있다. 돌멩이를 위로 던지면 올라갔다가 떨어진다. 돌멩이의 텔로스, 끝점은 땅, 정확히는 지구 중심이다. 반대로 연기의 텔로스는 하늘, 정확히는 하늘에서 지구 중심의 반대쪽 끝이다.

아리스토텔레스가 남긴 글 중 5분의 1 이상은 560종의 어류, 곤충 등 생물 분류 자료, 해부 실험을 담은 생물학 내용이다. 고대부터 근대까지 철학자는 인문학, 사회과학뿐 아니라 천문학, 물리학, 생물학, 생리학 등 자연과학도 다 연구했다. 철학은 '지혜+사랑하다'이고 지혜는 다 알아야 생기기 때문이다. 아리스토텔레스의 생물학도 기본은 생물에 텔로스가 있다는 것이다. 눈은 보기 위해 있고 날개는 날기 위해 있다.

아리스토텔레스의 과학은 2천 년쯤 과학계를 지배하다가 근대 과학 혁명으로 무너졌다.

아리스토텔레스의 천문학은 코페르니쿠스, 케플러의 천문학 혁명으로 깨졌고 물리학은 갈릴레오, 뉴턴의 역학 혁명으로 깨졌다. 물체의 운동은 텔로스가 아니라 정량화할 수 있는 힘이 원인으로 작용한 결과다.

아리스토텔레스의 생물학은 다윈의 생물학 혁명으로 깨졌다. 눈은 보기 위해 있고 날개는 날기 위해 있는 게 아니라 눈이 있으니까 보고 날개가 있으니까 난다. 원인과 결과의 관계가 목적을 대신하는 것이다.

아리스토텔레스의 윤리학도 목적을 중시하는 목적론이다. 좋은 행동, 옳은 행동, 바람직한 행동의 기준은 좋은 목적이다. 목적이 좋아야 옳고 바람직하며 목적이 나쁘면 그르고 바람직하지 않다.

근대 과학 혁명으로 아리스토텔레스의 과학이 무너지자 윤리학도 목적론을 배제하는 경향이 뚜렷하게 나타났다. 칸트의 법칙론은 아리스토텔레스의 목적론과 대립하는 대표 윤리학이다.

법칙론에선 목적이 좋아야 옳은 행동이 아니라 법칙에 맞아야 옳은 행동이다. 그러나 인간의 행동은 하나하나 목적이 있는데 인간 행동의 옳고 그름을 다루는 윤리학에서 목적을 배제할 수 있을까?

배트맨의 폭력은 칸트의 법칙론으로 정당화할 수 없지만 아리스토텔레스의 목적론으로 정당화할 수 있다. 배트맨의 폭력은 불법이다. 배트맨은 이미 체포 영장이 나와 있다. 배트맨이 가면을 쓰고 정체를 철저하게 비밀로 지키는 이유다.

"자신이 아니라 자신이 아끼는 사람들을 위해 가면을 쓴다."라는 배트맨의 변명은 한 글자를 고쳐야 맞는 말이 된다. "자신뿐 아니라 자신이 아끼는 사람들을 위해 가면을 쓴다."

그러나 고담시의 선량한 시민들과 관객인 우리는 배트맨을 응원

〈다크 나이트 라이즈〉에서 배트맨과 경찰들이 베인 일당과 뒤엉켜 싸우는 모습

한다. 배트맨의 폭력은 부패한 경찰, 법조인, 금융인을 대신해 범죄에 맞서 고담시를 지킨다는 목적이 좋다고 보기 때문이다. 아리스토텔레스의 목적론은 고담 시민들과 우리의 머릿속에 들어 있다.

목적이 좋으면 폭력도 옳은 행동일 수 있다는 건 양날의 칼이다. 테러 공격에서 무고한 시민들을 구한다는 목적이 좋으면 테러 용의자를 고문하는 것도 옳은 행동일 수 있다. 테러 용의자의 입을 열 유일한 방법이 그의 어린 딸을 고문하는 것이어도 찬성할 수밖에 없다. 목적이 수단을 정당화한다는 건 목적론의 장점이 될 수도 있고 단점이 될 수도 있다.

목적론의
강점과 약점

샌델에 따르면 아리스토텔레스의 목적론이 지닌 진짜 강점은 정치를 통해 시민의 미덕을 기르는 것이다. 아리스토텔레스는 정치의 목적이 좋은 시민을 양성하고 시민의 미덕을 키우는 것이라고 봤다. 시민은 정치에 참여해야 미덕 넘치는 삶을 살 수 있다. 인간의 언어 능력은 고유하기 때문이다.

시민은 도시국가, 폴리스의 직접 민주주의 정치에 참여할 때 다른 시민들과 함께 정의와 불의를 토론하고 실천한다. 또 토론하고 실천하며 사는 습관을 들일 때 미덕을 얻을 수 있다. 이런 미덕이 바로 '숭고한 일' '관대함' '이상주의'다.

배트맨이 바다에서 중성자탄을 폭발시키면서 고담 시민을 구한 숭고한 일, 브루스의 부모가 고담시의 가난한 사람들을 위해 전철을 건설하고 브루스가 고아들의 쉼터로 저택을 기증한 관대함, 마약과 범죄와 부패에 빠진 고담시를 구하겠다는 브루스, 고든, 폭스, 블레이크의 이상주의는 모두 아리스토텔레스가 말한 정치의 목적, 시민의 미덕이다.

아리스토텔레스의 목적론은 시민의 미덕 기르기를 추구하는 게 강점인 것이다.

반면 샌델에 따르면 아리스토텔레스의 목적론이 지닌 약점은 노예제를 옹호하는 근거가 될 수 있다는 것이다. 실제로 아리스토텔레스는 고대 도시국가의 노예제를 옹호했다. 근거는 역시 목적론이다.

> "만약 다른 사람의 재산이 될 능력이 있다면(그런 이유로 정말 그리 된다면), 그리고 이성적으로 사고할 수는 없지만 다른 사람의 이성에 참여해 그것을 이해할 정도는 된다면, 그 사람은 타고난 노예다."
>
> —『정의란 무엇인가』 282~283쪽

아리스토텔레스의 말이다. 그는 시민과 노예가 타고난다고 본다. 타고난 시민과 타고난 노예를 나누는 기준은 이성이다.

시민은 이성으로 사고할 수 있고 노예는 이성으로 사고할 수 없다. 이성으로 사고하고 실천해 미덕을 기르는 게 시민의 텔로스다. 노예는 이성으로 사고할 수 없으니 시민의 미덕을 얻을 순 없고 남의 재산이 되는 게 텔로스다. 아리스토텔레스가 노예제를 정당화하는 근거는 사람에게 제각기 타고난 목적이 있다는 목적론이다.

이제 노예제는 없다. 그러나 목적론은 온갖 차별을 정당화하는 근거가 될 수 있다. 사람은 제각기 타고난 목적이 있다고 보면 타고난 성, 타고난 인종, 타고난 민족, 타고난 국가가 차별과 혐오의 이유가 될 수 있다. 전 세계에서 비일비재한 차별과 혐오다.

그리고 이 타고난 논리는 타고난 빈부, 타고난 지역, 타고난 종교로 확장될 수 있다. 부자가 가난한 자를 차별하고 경상도가 전라도를 혐오하고 기독교도가 이슬람교도를 멸시한다. 노예제를 정당화하는 아리스토텔레스의 목적론은 사람마다 타고난 목적이 있다는 이유로 온갖 차별과 혐오를 정당화할 수 있다는 게 약점이다.

고담시 증권거래소 직원은 구두 닦는 사람에게 돈을 집어 던진다. 증권거래소를 습격한 베인에게 직원은 여기에는 훔쳐 갈 돈이 없다고 말했다가 "그래? 너희들은 훔쳐 가잖아?"라고 핀잔을 들으며 얻어맞는다. 증권거래소 책임자는 경찰이 출동하자 다짜고짜 "진압하라!"라고 요구한다. 경찰이 "인질을 잡았잖아요." "댁들 돈보다는 안전이 먼저요."라고 말하지만 부자들의 앞잡이 책임자는 진압 요구를 조금도 굽히지 않는다.

샌델이 2008~2009년에 일어난 글로벌 금융위기를 '탐욕'과 '실패'로 분석한 대목이 떠오른다. 부시 미국 대통령이 7천억 달러의 구제 금융 지원을 요청하고 의회가 하는 수 없이 승인했지만 당시 세계 최대 보험회사 AIG는 위기를 초래한 부서 임원들에게 상여금으로 1억 6,500만 달러를 지급했다. "천천히 해먹어, 탐욕스러운 자식들아!"〈뉴욕 포스트〉의 머리기사 제목이다. 샌델은 미국인이 분노한 진짜 이유가 탐욕을 보상한 게 아니라 실패를 포상한 거라고 말한다.

그러나 성공을 보상받아도 지나치면 탐욕인데 실패를 포상받으니 얼마나 탐욕스러운가. 일반인에겐 미국 뉴욕 맨해튼의 월가 증권거래소는 1% 부자들의 상징이다. 부자들이 인질들의 목숨을 아랑곳하지 않고 자기 돈만 걱정하는 행태, 구두닦이를 사람으로 존중하지 않는 모습은 99% 국민이 '월가를 점령하라'라는 2011년 시위를 다시 일으킬 명분이 된다.

사람에게 제각기 타고난 목적이 있다는 목적론은 부자들에게 증권거래소 직원과 구두닦이도 타고난 직업이라는 못된 의식을 심어줄 수 있다. 부와 가난을 타고나고 돈도 실력이라는 못된 의식도 심어줄 수 있다. 타고난 부는 부의 세습으로 이미 실현되고 있다. 세습 자본주의 시대다.

샌델의 정의론:
공동선 이론

∞

샌델은 아리스토텔레스의 목적론을 지지한다. 특히 정치의 목적이 시민의 미덕을 기르는 거라는 목적론의 강점을 적극 수용한다. 나아가 시민의 미덕에 공동체 구성원에게 이익이 되는 공동선을 보태 정의는 미덕을 키우고 공동선을 고민하는 거라고 말한다.

정치가 추구해야 하는 공동선은 다음과 같다. 시민 의식, 희생, 봉사, 불평등 바로잡기, 소득과 부의 공정한 분배, 연대, 시민의 미덕, 동료애, 애국심.

샌델은 이 가운데 연대 의무를 다하는 두 사람의 예를 든다. 월리

엄 벌저는 매사추세츠주 상원의장과 매사추세츠대학교 총장을 지냈다. 형 화이티 벌저는 보스턴에서 조직범죄 집단의 우두머리가 되었다. 동생 벌저는 도피 중인 형과 통화했지만 수사당국에 협조하지 않았다. 형제는 형제다. 윌리엄 벌저는 가족 연대의 의무를 다했다.

데이비드 카진스키는 우편물 연쇄 폭발 사건의 범인, 별명 유나바머가 쓴 3만 5천 단어로 된 과학기술 반대 선언문을 보고 하버드대학교 출신 수학자이며 몬태나의 산에 은둔해 사는 형 테드가 범인임을 직감했다. 데이비드는 고심 끝에 연방수사국에 제보했다. "사람이 또 죽을 수도 있고 그걸 막을 사람은 나뿐이라는 생각이 들었어요." 데이비드 카진스키는 시민 연대의 의무를 다했다.

샌델은 두 형제의 예, 가족과 시민들 사이에서 느끼는 각별한 연대 외에도 연대 의식 없이는 이해하기 어려운 예들을 든다.

2000년 요하네스 라우 독일 대통령이 이스라엘 국회에서 "독일인이 한 일을 용서해달라."라고 한 공개 사죄, 위안부 여성에게 일본 정부가 공식 사죄와 배상을 하라는 세계 각국의 압력, 내 마을과 공동체에 대한 충성, 동료애, 애국심 등은 모두 정의가 개인 차원에서 이뤄지는 거라고 보면 설명하기 어렵다.

샌델이 배트맨을 좋아할 첫 번째 이유는 고담 시민에 대한 연대 의무를 다하기 때문이다. 시민에 대한 연대 의무를 다하는 사람은 배트맨만이 아니다. 고든, 폭스, 블레이크, 심지어 셀리나마저 고담 시민을 구하러 나선다.

압권은 고담시 경찰 부청장 피터 폴리와 3천 명의 경찰이다. 폴리는 증권거래소를 턴 베인 일당보다 하비 덴트 검사의 살인범 배트맨을 먼저 잡으려 한다. 고든 경찰청장이 해결하지 못한 일이다. 폴리는 중성자탄을 함께 막자고 청하는 고든을 문전박대한다.

그러나 매몰된 3천 명의 경찰이 배트맨의 도움으로 빠져나와 베인 일당과 전면전을 벌이러 갈 때 폴리는 선두에 나선다.

"우리가 물러서면 이 도시는 끝장이다."

경찰들이 베인 일당에게 돌격하고 폴리는 장렬하게 죽는다. 부패한 사람도 있겠지만 폴리와 함께 돌격하는 3천 명의 경찰은 목숨 걸고 고담 시민을 지키려는 연대, 봉사, 희생, 동료애를 보여준다.

샌델이 찬양하는 미덕과 공동선을 갖춘 모습이다. 〈다크 나이트 라이즈〉의 명장면이다.

공동선 이론의
약점

∞

샌델의 공동선 이론은 약점이 없을까? 『정의란 무엇인가』는 샌델 자신의 공동선 이론을 제시하며 끝나기 때문에 샌델의 약점을 찾는 일은 내 몫이다.

『영화관에 간 철학』 전체를 관통하는 철학 문제가 하나 있다. 인간이 이성의 동물이냐 감정의 동물이냐는 것이다. 독자들도 눈치챘겠지만 나는 '인간은 감정의 동물'이라는 쪽에 손을 든다.

미래를 다룬 1부 '매트릭스 4부작'의 결론인 "느낌대로 산다", 사랑을 다룬 2부에서의 이성의 제국 너머 있는 감각의 제국, 재미를 다룬 3부에서의 작은 디오니소스 파티는 모두 인간이 감정의 동물이라는 걸 뒷받침한다.

결이 다른 것도 있다. 〈매트릭스〉에서 빨간약은 자의식의 약, 남을 다룬 4부에서 남의 위치에서 생각하기는 이성이 인간의 특성이라는 걸 뒷받침한다.

정의를 다룬 5부는 이성과 감정 중 어느 쪽에 손을 들어줄까? 시민과 죄수가 이성이 아니라 양심에 따라 기폭 장치를 작동하지 않는다는 건 인간이 감정의 동물이라는 쪽에 손을 들어준다.

샌델은 가족, 시민, 공동체, 국가에 대한 연대 의식은 합의가 필요 없다고 말한다. 연대 의식도 이성이 아니라 감정이기 때문이다. 그러나 샌델은 이 연대의 감정을 아리스토텔레스가 말한 폴리스 시민의 미덕으로 본다.

시민의 미덕은 폴리스에서 토론과 연습을 거쳐 쌓은 것이다. 샌델도 좋은 삶이 무엇인지 토론해야 정의가 무엇인지 알고 실현할 수 있다고 말한다.

"정의로운 사회는 단순히 공리를 극대화하거나 선택의 자유를 확보하는 것만으로는 만들 수 없다. 좋은 삶의 의미를 함께 고민하고, 으레 생기기 마련인 이견을 기꺼이 받아들이는 문화를 가꾸어야 한다."

—『정의란 무엇인가』 361쪽

좋은 말이다. 그러나 흠이 있다. 샌델은 연대와 공동선이 합의가 필요 없다고 하면서도 함께 고민하고 토론하자고 말한다. 함께 고민하고 토론하는 이유는 합의하기 위한 게 아닌가. 함께 고민하고 토론하고 이견을 받아들이는 데는 이성이 필요하지 않은가.

2018년 문재인 정부는 7월 말부터 3개월에 걸쳐 신고리 5·6호기 원전 건설 중단 여부를 놓고 전문가와 시민이 참여한 공론화를 실시해 건설 재개를 권고받았다. 신고리 원전 공론화는 숙의 민주주의의 첫걸음을 내디뎠다는 평가를 받기도 했다.

숙의 민주주의는 의사 결정자들이 먼저 깊이 생각하고 그다음 합의하는 숙의를 거쳐 합의하지 못하면 다수결 원리에 따르는 것이다.

샌델은 합의가 필요 없다고 말하지만 연대 의식은 함께 고민하고 토론하고 합의해야 얻을 수 있다. 또 합의는 감정이 아니라 이성으로 한다. 샌델의 연대 의식은 감정이면서도 이성으로 합의한 거라는 말이 된다. 연대 의식은 감정인가, 이성인가?

폴리와 함께 돌격하는 3천 명의 경찰은 연대해 돌격하자고 이성으로 합의하지 않는다. 두려움과 뜨거운 연대감이 차올라 있다.

"우리가 물러서면 이 도시는 끝장이다."

폴리의 말은 비장한 선동이다. 선동은 이성이 아니라 감정에 호소해 행동의 방아쇠를 당긴다. 연대 의식도 감정이다. 이성의 합의가 필요 없다.

인간의 연대 의식은 인간이 감정의 동물이라는 걸 보여준다. 샌델은 누워서 침 뱉기 싫으면 연대 의식이 고민과 토론과 합의가 필요하다는 주장을 버려야 한다. 한 우물만 파야 한다.

연대 의식은 연대감이다. 연대감을 기르려면 합의 대신 '배트맨 3부작'을 보는 게 좋다. 놀란 감독의 '배트맨 3부작'은 눈으로 감상하는 정의론이다.

참고문헌

프리드리히 니체, 박찬국, 『니체 전집 16: 유고(1882년 7월~1883/84년 겨울)』, 책세상, 2001.

프리드리히 니체, 박찬국, 『비극의 탄생』, 아카넷, 2007.

찰스 다윈, 최원재, 한국과학문화재단, 『인간과 동물의 감정 표현에 대하여』, 서해문집, 1997.

찰스 다윈, 김관선, 『인간의 유래』, 한길사, 2006.

르네 데카르트, 이현복, 『방법서설』, 문예출판사, 1997.

르네 데카르트, 김선영, 『정념론』, 문예출판사, 2013.

리처드 도킨스, 홍영남, 『이기적 유전자』, 을유문화사, 2002.

질 들뢰즈, 유진상, 『시네마 1』, 시각과언어, 2002.

질 들뢰즈, 이정하,『시네마 2』, 시각과언어, 2005.

질 들뢰즈·펠릭스 가타리, 김재인,『안티 오이디푸스』, 민음사, 2014.

티머시 리어리, 김아롱,『플래시백: 회상과 환각 사이, 20세기 대항문화 연대기』, 이매진, 2012.

카를 마르크스, 김호균,『정치경제학 비판 요강 1, 2, 3』, 그린비, 2007.

카를 마르크스·프리드리히 엥겔스, 김대웅,『독일 이데올로기』, 두레, 2015.

마셜 맥루한, 박정규,『미디어의 이해: 인간의 확장』, 삼성, 1982.

법정,『영혼의 모음』, 샘터사, 2002.

장 보드리야르, 이상률,『소비의 사회』, 문예출판사, 1992.

마르케스 드 사드, 고도편집부,『소돔 120일 상, 하』, 고도, 2000.

장 폴 사르트르, 지영래,『닫힌 방·악마와 선한 신』, 민음사, 2013.

마이클 샌델, 이창신,『정의란 무엇인가』, 김영사, 2010.

앙투안 드 생텍쥐페리, 김현,『어린 왕자』, 문학과지성사, 2012.

한나 아렌트, 김선욱,『예루살렘의 아이히만』, 한길사, 2006.

한나 아렌트, 이진우·박미애,『전체주의의 기원 1, 2』, 한길사, 2006.

베르트랑 오질비, 김석,『라캉, 주체 개념의 형성: 1932-1949』, 동문선, 2002.

미셸 푸코, 오생근,『감시와 처벌: 감옥의 역사』, 나남출판, 1994.

지그문트 프로이트, 김인순,『꿈의 해석』, 열린책들, 1997.

플라톤, 강철웅,『소크라테스의 변명』, 이제이북스, 2014.

게오르그 헤겔, 전원배,『논리학』, 서문당, 1978.

게오르그 헤겔, 임석진,『정신현상학 1, 2』, 한길사, 2005.

게오르그 헤겔, 서정혁, 『법철학 강요』, 지만지, 2014.

악셀 호네트, 문성훈·이현재, 『인정 투쟁』, 동녘, 1996.

데이비드 흄, 이준호, 『인간 본성에 관한 논고』, 살림, 2005.

Tomonaga, M., Uwano, Y., Ogura, S. and Saito, S., "Bottlenose Dolphins'
  (Tursiops truncatus) Theory of Mind as Demonstrated by Responses to
  their Trainers," Attentional States International Journal of Comparative
  Psychology, 23, 386~400, 2010.

Tschudin, A., 'Mindreading' Mammals? Attribution of Belief Tasks with
  Dolphins. Animal Welfare, 10, 119~127, 2001.

영화관에 간 철학

ⓒ 김성환

초판 1쇄 발행 2023년 2월 14일

지은이 | 김성환
펴낸곳 | 믹스커피
펴낸이 | 오운영
경영총괄 | 박종명
편집 | 김형욱 최윤정 이광민 양희준
디자인 | 윤지예 이영재
마케팅 | 문준영 이지은 박미애
등록번호 | 제2018-000146호(2018년 1월 23일)
주소 | 04091 서울시 마포구 토정로 222 한국출판콘텐츠센터 319호(신수동)
전화 | (02)719-7735   팩스 | (02)719-7736
이메일 | onobooks2018@naver.com   블로그 | blog.naver.com/onobooks2018

값 | 17,000원
ISBN 979-11-7043-383-5 03100